正面教养

没有教养不好的孩子，只有不会教养孩子的父母

蒙谨◎著

SUPPORTIVE
PARENTING

中国友谊出版公司

图书在版编目（CIP）数据

正面教养 / 蒙谨著. — 北京 : 中国友谊出版公司，2020.6

ISBN 978-7-5057-4909-2

Ⅰ. ①正… Ⅱ. ①蒙… Ⅲ. ①家庭教育－通俗读物 Ⅳ. ①G78-49

中国版本图书馆CIP数据核字（2020）第090281号

书名 正面教养
作者 蒙 谨
出版 中国友谊出版公司
发行 中国友谊出版公司
经销 新华书店
印刷 三河市冀华印务有限公司
规格 700×980毫米 16开
16.5印张 227千字
版次 2020年8月第1版
印次 2020年8月第1次印刷
书号 ISBN 978-7-5057-4909-2
定价 45.00元
地址 北京市朝阳区西坝河南里17号楼
邮编 100028
电话 （010）64678009

如发现图书质量问题，可联系调换。质量投诉电话：010-82069336

目 录

正面教养，让不听话的孩子乖起来

序：有效的教育从正面开始

孩子，最初只是一个无知无识、什么都不懂的生物体。孩子成长的本质，就是不断从周围环境中汲取各种信息，进而同化为自己的精神养料。家庭教育就是给孩子提供精神养料的主要途径。

孩子就像一块海绵，从环境中吸收什么，就会成长为什么。给孩子提供优质的还是劣质的精神养料，将会决定孩子的成长方向，而这又取决于父母的教育态度。

也就是说，父母的教育态度决定孩子的成败。

基本的教育态度有两种：正面的态度和负面的态度。

正面的态度，是不断给孩子输入正面的信息，以正面的态度对待孩子的每一个问题，这可以调动孩子身上积极的、主动的、正面的因素，使孩子不断向好的方向发展，促使教育进入良性循环的状态。

而负面的态度则激发孩子的消极面，使消极因素不断被激活、不断被放纵、不断被放大、不断被强化……结果导致亲子关系破裂，孩子教育失败，陷入失败教育的恶性循环。

所谓“正面教养”，就是通过父母的语言、动作、表情、行为榜样等手段和方法，给孩子以正面的影响和激励，让孩子在潜移默化、不知不觉中受到良好的教育。

正面教养的关键在于：父母要以正面的态度和正面的方法对孩子实施

教育。

比如，对待孩子犯错，父母应该树立这样一个念头：无论孩子犯了什么错误、违反什么纪律，父母都应视作正常现象，不要以为孩子犯错、违纪就是对抗、不听话。犯错误就是孩子成长的过程，父母没有权利在错误中扼杀孩子，而有责任帮助孩子在错误中成长。

在孩子犯错误、有过失或者违纪时，要采用正面的引导，而拒绝不理不睬、听之任之的负面态度，或者批评、讥嘲，甚至体罚等负面手段。要坚持对孩子进行正面教育，在孩子幼小的心灵中撒下真、善、美的种子，让株株幼苗茁壮成长。

请记住：

你的手，可以给孩子鼓掌，也可以给孩子耳光。

你的话，可以赞美孩子，也可以责骂孩子。

你的爱，可以成就人格健康的优秀孩子，也可以造就坐享其成的“懒虫”。

而结果完全取决于你对孩子的态度和做法是正面的还是负面的。对孩子来说，你是穷爸妈还是富爸妈都不重要，重要的是你是“正”爸妈，还是“负”爸妈。

本书是我对家庭教育多年来实践和研究心得的凝结，也是我对一双儿女十五年教育经验的总结。在书中采用说故事的形式，精心选择教育儿女的点滴琐事和身边发生的教育案例，并结合当前孩子的典型、普遍问题，在保持阅读趣味的前提下，向父母朋友阐述了“正面教养”的核心理念、本质规律和关键点，并提供了可行的思路和操作性建议。

本书在创作过程中得到家教畅销书作家成墨初老师的大力指导。我全盘接受了成老师“有感动，有感悟”的创作原则，采用了“故事化”的叙述方式，将阅读快感放在了第一位，把读者在快乐中学到实用的教子方法，当成了最终要达到的效果。在此，对成老师表示感谢。

第一章

正面教养VS负面教养

尊重是教育的起点

孩子不听话，多半是因为你不会说话。你站在自己的立场上要求孩子，孩子不听你的话，这是孩子最好的反抗，也是让你感到头痛的地方。为了孩子的健康成长，你应该做到有话好好和孩子说。

别用父母权威来稳固你的尊严

在我有孩子之前，我觉得自己会是一个温和的妈妈，孩子肯定会喜欢我。可是，当我真正有了孩子之后，我才发现，之前的想法只是停留在理论上，因为，孩子不是按照你的想法成长的。最近，经常出现在我嘴里的一句话就是：孩子怎么越来越不听话了？

那天，外面很冷，我让小语穿件外套再出门。没想到，一场母女之战就此发生了。

“小语，回来穿件外套。”我看见小语穿着一件薄衬衫就要出门，对她喊道。

“我不想穿。”小语头也没回地回答我。

“不行，必须穿。我可不想你感冒，每次感冒，都是我在受罪。”我很生气地说。

“妈，我就是不想穿，我不冷。”

“不冷也不行，我是你妈，你就要听我的！”我的语气很强硬，不给小语妥协的机会。

没想到，小语竟然说：“我不出门了，你满意了吧？你不就是不想我出去吗？”说完，就赌气回屋，留下我自己在客厅回味她的话和动作。

这是我完全没有料想到的情节。这是小语和我的第一次正面冲突。我关心她，她却不领情。她将我对她的关心看作我对她的束缚，扭曲了我的本意，我却不知道该如何向她解释。

遇见自己的想法和对孩子的实际教育情况出现差异的时候，我首先做的事情便是开始反思自己对孩子的态度。

后来，我知道，是因为我以“妈妈”的身份自居，想让孩子屈服于我的权威。这是错误的。年龄小的孩子会惧于你的权威，可是，随着孩子年龄的增大，他们便不会把你的权威放在眼里，自然不会听你的话了。那时，你的权威就没有意义了，只会扩大你和孩子的距离。

善待孩子，就是最好的家教

我爸爸是个脾气很糟糕的人，有时候在外面有不顺心的事情，回家后就会冲我发火。我对爸爸也是理解的，知道他自己带我不容易，所以一般情况下，我会乖乖听爸爸的话。可是，爸爸将我的听话，看成了我的软弱，于是对我很不尊重。

记得我读初中的时候，有一次，他在外面喝完酒回家，见我正在看我喜欢的电视剧，就没好气地问我：“你的作业写完了吗？”

“写完了，要预习的功课也都预习完了。”

“预习完了？知识还有学完的时候啊？你就知道偷懒，马上去学习！我辛苦供你上学，你要是考不上大学，你就把你之前花的钱全都还给我。如果把你的学费拿来买酒，那能买多少酒啊！”

爸爸的话，让我觉得很寒心，我不仅没有去学习，还第一次对爸爸吼道：“你连高中都没考上，你怎么不说把学费还给爷爷啊？”

我的话也许真的刺激了爸爸，“啪”，一个响亮的巴掌印在了我的脸上。自那次之后，我对学习产生了厌恶之情，成绩不断下滑，和爸爸之间，也没有过多的交流。

还有一次，家里的面粉没有了，爸爸让我去商店买。我的力气小，走到楼下的时候，就已经筋疲力尽了，我只好叫爸爸下去把面粉拿上来。

“你这个丫头片子，吃饭的时候吃得不少，怎么没力气？要是个男孩，就好了。”

“你要是不喜欢我，为什么要生我啊？”我哭着跑开了。

之后，爸爸再让我帮他做某些事情的时候，我都以沉默来对待，不听他的话。只有我们两个人的家庭，更加没有生机了。

“芷怡，咱俩说说话吧。爸爸知道自己之前做得不好，是我不好，你对爸爸有什么要求吗？”

“爸爸，请你尊重我，好吗？这是我唯一的要求。”

“嗯，我懂了。”爸爸若有所思地点了点头。果然，爸爸懂得尊重我了，我也体会到了他的良苦用心，对他的话也开始选择听从了，家里又充满了欢笑。

尊重孩子，是给予孩子应有的家庭地位，孩子就能更容易地接受你对他们的期望。同时，这也是给不听话的孩子的一剂良药。

莫唠叨，多倾听

经常听同学的父母向我抱怨孩子越来越不听话。针对这种问题，我做了一份试卷调查，想看看问题究竟出在谁身上。

“我不听话，是因为不想听妈妈啰唆。有时候一件小事，她要说很多次，这让我很反感。”

“我的爸爸简直就是苍蝇，只要我在家，他就开始围着我说教。我真想逃。现在，我就直接不理他。他让我怎么做，我偏偏不按他说的做。”

诸如此类的回答在所有的答卷中占到一半以上。不少父母认为孩子不听话，孩子却觉得父母太啰唆。其实，在这样的家庭角力的拔河中，最终受到不良影响的还是孩子。

同事老王对自己的孩子王凡期望很高，希望儿子可以在学习上“傲视群雄”。他不断在儿子面前唠叨：“你要考到班里第一名啊，不然就上不了重点高中，上不了重点高中，就上不了重点大学。”

最初，王凡努力学习，想达到爸爸的要求。可是，唠叨竟然成了老王每日的必修课，并且还将王凡最爱的篮球给没收了，这让王凡觉得压力很大。

一天，王凡想对爸爸说出自己的烦闷，可老王根本就没有意识到王凡的情绪不对，没等王凡说一句话，就开始一如既往地唠叨。

“你是不是天生就会唠叨？”说着，王凡走进自己的房间，把书本在爸爸面前撕碎了，边撕边说，“你再唠叨，你再唠叨……”这和平时那个什么都听自己的王凡完全不同。

王凡歇斯底里的样子让老王很害怕，在此刻，他也意识到了唠叨给孩子带来的伤害。

你的唠叨会给孩子增加无形的压力，一旦这种压力在孩子的内心积聚，总有一天会爆发出来。孩子需要你的细心呵护，可是不喜欢你过多的唠叨。在孩子身上翻来覆去总是那几句话，孩子就会反感，逃避你的唠叨。孩子不听话，就是对你唠叨的反击。

对孩子要有话好好说

有一次，小松在外面玩了一下午回家，他没有洗手，就直接拿起果盘里的水果吃了起来。吃完水果，没有洗手，他又直接拿起了沙发上的一本书看。

我对小松的做法很不满意，批评他："你应该先洗手，换下有汗渍的衣服，再来吃水果。在看书之前，你也应该先把手洗干净，否则就会把书弄脏。你这么性急，怎么行？"

可是，小松似乎对我的说教根本不感兴趣，还是我行我素地坐在沙发上看书。我走过去，对小松说："我已经帮你在水盆里放好了水，你先去洗手吧，先处理好你的事情，再看书。"

我好好和小松说，向他表达了我的意思，希望他可以接受我的意见。小松觉察到了我的诚意，便不再像刚才那样不听话了，洗好手，换好衣服，才继续看书。

孩子不听话，多半是因为你不会说话。你站在自己的立场上要求孩子，孩子不听你的话，这是孩子最好的反抗，也是让你感到头痛的地方。为了孩子的健康成长，你应该做到有话好好和孩子说。

亲子感悟

正是因为有了不会说话的你，才有了不听话的孩子。当你在抱怨孩子不听话的时候，孩子便能感受到你对他的指责。你不要把责任都推到孩子身上，而是要从自身找原因，改变自己和孩子说话、批评孩子的方式，才会拉近和孩子之间的距离，你对孩子的教育也就容易展开了。

教养方式决定孩子成败

孩子有自己的思想，不易受别人的控制，如果他在你的正面教养中体会到自己的力量，那他就会将自己的潜质发挥得淋漓尽致，这是可遇而不可求的。

让自省成为孩子的习惯

我和老公都觉得小语是个聪明的孩子，她学习很认真。每次考试之前，我们也都认为她会取得优异成绩。可是，最近几次考试，小语却让我们很失望，每次都进不了班里前十名。

这天，小语又拿来成绩单让我们签字。脾气暴躁的老公看见孩子的成绩，脸接着变了颜色，开始数落起小语："你怎么那么笨呢？多少次了，一点进步都没有。我和你妈妈供你读书容易吗？你不好好学习，你能对得起谁啊？"

老公又像往常一样，在对孩子实施"暴风骤雨"的教育之后，免不了又对孩子提出要求，规定她下次考试要考多少分，考到班里前几名……

可是，每次都是同样的批评和教育，也没见小语有什么改变。我突然意识到小语成绩不理想，是因为她不重视考试，自己该对小语进行教育了。

我先是劝发火的老公，说："孩子考不好，肯定是有原因的，可能是因为试卷难，也可能是因为孩子考试的时候状态不好，还可能是因为我们给她太大压力了。我们应该找到原因，再对孩子进行针对性的教育。"

接着，我对小语说："小语，你的成绩不好，并不是因为你笨，也不代表你对知识掌握得不牢固。我能感觉到，你对考试没有足够的重视，你应该把考试作为一项重要的任务，并且尽力去做好它。"

听我这样说，小语的脸上露出了微笑，估计是在我这里受到了尊重，觉得我理解她。

果真，下次考试，小语的语文成绩在整个年级排第一，在班里的名次也上升了好几名。老公高兴地要给小语买新衣服，我却平淡地对小语说："妈妈看见了你的进步。不过，这只是说明你把你的任务很好地完成了，也没有值得特别骄傲的。"

"妈妈，我知道。"小语开心地说道。

在这件事情中，我发现了正面鼓励孩子的重要性，它促使小语意识到自己的错误，在成绩上有了很大的进步。当孩子在生活或学习中遇到不顺利的事情时，你要学会检讨自己的过失，以正面教养的方式解决孩子的问题。

不管怎样，别挖苦孩子

在我上学的时候，一次，班上出现了这样一个笑话：班上有个学生，他学习很好，上课的时候不小心睡着了，老师对他不理不问。也是在同样的时间，还有一名学习不好的学生也在睡觉。

老师揪着那个学习不好的学生的耳朵说："你看看人家，睡觉的时候也枕着书，哪像你，就知道睡觉！"

老师的话引起全班同学的哄堂大笑。我却不禁感慨，两个学生都在课堂上睡觉，可是在老师看来，成绩好的学生只要学习好，所有的错误都可以原谅，而差生却成了被老师挖苦讽刺的对象。

结果，那个学习不好的同学对学习更没了兴趣，每日浑浑噩噩，本来还有希望考上高中，可是中学毕业的时候连中专都没有考上。

我在想，如果老师在教育他的时候用的是“正面”的方式，给予他积极的鼓励和支持，他的未来可能就会被改写了。

给孩子面子，孩子会还你成功

在我成为老师、成为孩子的妈妈之后，我便经常提醒自己，不要犯之前老师犯的错误，尽量用“正面教养”的方式来对待我的学生和我的孩子，并且还看见了理想的效果。

我现在所带的班有个学习不认真、成绩不理想的男孩。一节自习课上，我发现他总是偷偷往书桌里看，第一意识——他在做坏事。当时我就有点生气，觉得他不遵守自习纪律。

我按捺住气愤，在他身后走过去，看见他正在入神地看着一本课外书。见我站在他的身边，他主动站起来，低着头，似乎也意识到自己的错误了。

“老师会怎么惩罚我啊？罚站？是否会通知我的家长？”我能感受到他的思想。

我并没有批评他，而是翻看了一下书的封皮，当即对他说：“不错，你以后应该多读这种书，对写作有很大帮助。但是最好还是在课下安静的环境中读，那样效果更好。”

可能是感念于我没有在同学面前让他出丑，听别的任课老师反映，他开始认真听讲。此外，他课下还写了不少文章，让我帮他看看。

他的写作技巧很不成熟，可是，当他在询问我的意见时，我还是说：“写得不错，你以后会有所成就的。”

“是吗？老师，我喜欢写作，可是以前的语文老师说我写得很糟，只有你这样对我说。不瞒您说，我以后想当作家。”这个孩子说到这里，羞涩地低下了头。

“你可以做到的。”我一本正经地对他说，还拍了拍他的肩膀。

不久之后，他的文章就被印成了铅字，出现在刊物上。不仅如此，他的学习成绩也开始有了逐步提升。

关键的一句话，有时候就会影响孩子的一生。用正面教养孩子的理论去教育孩子，才能引导孩子树立正确的人生观和世界观，孩子的积极性也会被调动起来。

别轻易否定孩子的创意

小语喜欢唱歌，为了使她的发展更加全面，我想让她学习跳舞，于是打算把她送到舞蹈培训班进行专门学习。

“不行，妈妈，同学们都说我没有跳舞的天分，跳起来和猪似的那么笨。”我把我的想法告诉小语之后，她这样对我说。

“怎么会呢，你是个聪明的孩子，妈妈相信你。”在我的鼓励下，小语走进了舞蹈培训班，开始进行系统的学习。

我发现，小语的舞蹈动作总是和老师教的有所差异。她在模仿老师的时候，还加进去了自己的理解，和那些完全模仿老师的孩子的动作有点不同。虽然有些动作很蹩脚，可是看得出，小语沉浸在自己的创意中。

“李老师，小语的动作和其他孩子不一样，影响了我们队伍的整齐，你好好和小语说说吧，让她按照我所教的来跳。实在不行，就别让她来学习了。”舞蹈老师这样对我说。

小语听见老师这样说，难过地躲在了我的身后。

“我不这样认为，我觉得其他的孩子亦步亦趋地跟你跳，没有自己的意识，而小语却在跟你学的基础上有所突破，这是她的成功。我并不认为孩子笨，相反，我还觉得她很优秀。”我字正腔圆地对老师说道。

如果，我附和老师的话，说小语笨，学不会，小语不听话，和老师唱反调，那么，小语的创新性思维就会消失。

老师被我的话感动了，她发现了小语身上的可贵之处。而真正从我的正面教育中受益的还是小语，她对我说：“妈妈，我像是发现了另一个自己，原来，我不仅有跳舞的天分，还有创新的天赋呢。”这是让我欣慰的。

孩子有自己的思想，不易受别人的控制，如果他在你的正面教养中体会到自己的力量，那他就会将自己的潜质发挥得淋漓尽致，这是可遇而不可求的。

拒绝争吵

进入青春期之后，小语变得爱美了，特别是在时尚的小姑影响下，小语很重视身材，在家里不吃肉，蔬菜也是挑自己喜欢吃的。每次让她吃肉，她都说要减肥。这让婆婆很着急。

又到吃饭的时间了，小语还是将面前的肉推开。

婆婆生气地说：“我们不管你了，你以后想怎么样就怎么样吧。”

“我用不着你们管。”小语这样回应道。小语的话气得婆婆说不出话。

我看着小语和婆婆的争吵，对小语说：“我们是你的长辈，我们要对你的身体负责，我们不是想居高临下地要求你执行，而是想让你知道，你的某些行为是错误的，你要自觉改正。如果你不改变，我们可以强制你改变饮食习惯。”

一番道理给小语讲来，小语不再犟嘴，而是安静地夹起肉来吃了。婆婆见小语这样做了，也就不再说什么。之后，只要遇到这样的情况，我们都会选择同样的方式来教育小语。通过这样的正面教育，小语也变得懂事多了。

亲子感悟

对孩子尝试正面教养，紧紧关注孩子的每一点变化，以积极、正面的方法调动孩子的积极性，激励孩子有所进步。将孩子视为家庭教育的核心，发挥孩子的主观能动性，这是在家庭教育中不可或缺的教育方法。

要保持一致的教养态度

教育孩子不能一个人严格，一个人宽松，即便是同一个人的教育，也不能忽冷忽热。以前要求孩子怎么做，现在也要以同样的标准要求孩子，前后矛盾，只会让孩子无所适从。

不要放纵自己的不良习气

孩子很小的时候，每逢周末，老公总是喜欢和他的朋友一起聚聚，经常打牌到凌晨才回家。这让小语和小松意见很大。

“妈妈，周末爸爸怎么不陪我们玩，也不带我们出去玩？每次，都是你带我们玩。你和爸爸说一下，让他别那么忙了。”小语不满地说道。小松也点头赞成姐姐的说法。

显然，老公的表现对孩子的心理已经造成了影响。

又逢周末，我和老公说让他这个周末不要出去了，可是他说今天要在一起聚会的都是生意场上的伙伴，不去不合适。

“孩子喜欢和你在一起，你就在家陪他们吧。”老公对我说，说完就出门了。

“妈妈，爸爸是不是又要出去？”

“孩子，爸爸辛苦了一周了，周末正好放松一下。”我替老公解释道。

“那你让爸爸早些回家吧，不要每次都是我们睡觉之后，他才回家。”小语说着，沮丧地低下了头。孩子只是希望可以在睡觉前看见爸爸，这么简单的要求，老公却满足不了。

我把小语的话发短信告诉老公。那天晚上，老公破天荒地回来得很早，这让小语和小松兴奋不已。老公趴在地上，开心地和两个孩子玩起了“骑大马”的游戏，让我这个当妈妈的很羡慕。

当父母任何一方有不良习气，对孩子形成影响之后，孩子的心理都会产生很大压力，不利于孩子的成长。你不要将教育看成针对孩子的教育，而是要把自己的行为也列入其中，不要纵容自己的不良习气。

对孩子前后教育态度要一致

我很重视孩子吃饭的质量。吃饭的时候，不允许孩子边看电视边吃饭、边吃饭边吃零食、边吃饭边喝水。

一般情况下，小语和小松会乖乖吃饭，吃完饭再做别的事情。可是有一次在孩子姑姑陶琳家吃饭的时候，小语说要喝水，陶琳便帮小语倒了杯水。因为是在陶琳家，我不好意思批评小语，没想到，却使小语形成了错误的认识。

后来一次，小语在家吃饭的时候又要喝水，我不同意，她却振振有词地说：“那次在姑姑家，你怎么让我喝水了啊？现在为什么却不让我喝了？”

喝水是件小事，可是孩子的习惯是件大事。我温和地对小语讲了当时情况的特殊性，小语也理解了。自那次之后，我很重视对孩子的教育态度保持一致。

教育孩子不能一个人严格，一个人宽松，即便是同一个人的教育，也不能忽冷忽热。以前要求孩子怎么做，现在也要以同样的标准要求孩子，前后矛盾，只会让孩子无所适从。

双方态度不一致，让孩子做选择

“你们别吵了……”小松着急地跺着脚对争吵的我和老公说。这件事情的起因很简单，小松在学校里和同学吵架了，老师让小松写份检讨，明天让他交上去。

就在这个问题上，我和老公发生了很大分歧。因为我是老师，觉得让孩子写检查，就一定有自己的根据。可是，老公听了小松的解释后，认为儿子没错，吵架的原因不在于儿子，为什么让我儿子写。

“你做什么事情都是胆小，在单位也总是做好人，还不是被同事欺负？”老公冲我嚷道。

“你也好不到哪里去，为了强调你是对的，不惜和客户经常吵架，又怎么样呢？损失还不是你自己承担？”我不甘示弱地对老公说。

这样，儿子的问题竟然演变成了我和老公之间的战争。

正当我和老公吵得不可开交的时候，小松站到了茶几上，哭着说：“爸爸妈妈，我求求你们了，你们别再吵了。我都不想在这个家里待着了。我听妈妈的，爸爸会生气；我听爸爸的，妈妈又会不开心……”

我和老公这才停下来，尴尬地看着小松。我意识到自己的教育方式是错误的。我和老公应该在这个问题上先达成一致，如果真的无法达成一致意见，那我和老公就可以把主动权交给孩子。

关注隔代教养，实现三代共赢

闺密小张给我打电话：“你说我现在该怎么办啊？”我忙问她发生什么事情了。她说：“我家妮妮现在都好像不是我的女儿了，和她奶奶很亲近，甚至连晚上睡觉的时候都不和我一起睡。”

“这还不正常啊，你上班忙，都是孩子奶奶照顾她。”我劝解她说。

“不，这还不是问题的关键，主要是我在教育孩子的时候，婆婆总是护着孩子。今天吃饭之前，妮妮想吃薯条了，她一吃薯条，饭就吃不了多少。我不让她吃，她一个人在客厅里哭。我没理她。

“后来，妮妮的哭声越来越轻。我还以为自己的教育有了效果，便过去看，婆婆正悄悄把薯条塞到妮妮嘴里。一见到我，妮妮的嘴不再动，还拿手捂住嘴。

“我很生气：‘妈，你这样护着妮妮，我怎么教育她啊？你看孩子被你娇惯成什么样子了？’当时我生气，批评了妮妮几句，其实就是想说给婆婆听。

“婆婆却觉得我不尊重她，给我老公打了电话，让他回家评理。我实在气不过，就进了卧室。我的女儿，还不能管了呢。”

我可以理解小张的心情。隔代教育确实存在很多弊端。当你在教育孩子的时候，孩子的爷爷奶奶站出来成为孩子的“保护伞”，你对孩子的教育就无法展开。因此，你要平心静气地和孩子的爷爷奶奶交流一下，尽量保持教育的一致性，保证孩子的健康成长是最重要的。

亲子感悟

每位父母都有自己教育孩子的方法和态度，想让双方态度完全一致也是不现实的，只要不陷入争执中，便是成功的教育。为了孩子，对于原则性的问题，尽量要达成一致。父母一方唱红脸，一方扮白脸的教育态度也不可取，这对塑造孩子的性格很不利。双方平心静气地沟通，这样才会在孩子的教育问题上达成基本共识。

对孩子永远抱着“正向”心态

不管孩子表现好歹，都需要父母的支持、鼓励、肯定，有了这些正向的信息，孩子内心就会发生奇妙的变化，从而主动改变不良行为，变得努力勤奋，最终会成为一个优秀的孩子。

不要看到孩子的缺点和错误就失控

有缺点的孩子，需要你的鼓励，才能有效地去除身上的毛病。表现好的孩子，也一样需要你的肯定。因为你的认可，能够强化孩子正确的行为，他会努力变得更加优秀。

我和丈夫，为了保证小语有一个足够的睡眠时间，给她规定上床时间：每天不能超过九点。但是，大多数时候，丈夫都需要催促女儿多次，她才不情愿地去休息。

丈夫每天这样催促小语，女儿不高兴，他自己也嫌啰唆，但却找不到更好的办法。

有一天晚上，到了九点钟，小语还赖在客厅玩游戏，丈夫叫了几声，小语就是不应。

他走到书房，向我告状：“我看小语这孩子，长大了也不会让人省心。你看，叫了她多次就像没听见似的，天天这样，我都快崩溃了。”

“女儿只是贪玩一点，不要这样说孩子。”

“还护着孩子，你教育她好了。”丈夫有些赌气地对我说。

“好，交给我。”

说完我立即站起身，走到小语的身边，挨着她坐下说：“女儿，游戏好玩吗？”

“好玩。”小语头也不抬地答。

“虽然好玩，但现在已经超过了九点，到了睡觉的时间，我相信女儿会主动上床，不用我再叫。”

听我这样说，女儿抬头看了我一眼，我朝她点了一下头，就走回了书房。大约过了两分钟，我听见小语走进了自己的卧室。

第二天，小语忘记了睡觉的时间，我如法炮制，一分钟后小语上了床。

第三天，我的话刚起头，小语立即起身去睡觉。

以后，小语再也不用丈夫喊叫多次才去休息了。

孩子贪玩不睡觉，需要你多次催促，你心烦上火，就断定孩子不能改变，甚至想当然地认为孩子今后也不会让你省心。如果抱着这种负面心态，孩子有可能就会真的越来越糟糕。

相反，对孩子持正面的态度，相信他能准时睡觉，孩子或许就能改变不良行为，一次比一次做得更好。

要相信孩子自己能更好

我曾在一本教育刊物上，看到这样一个事例——

有一个少年，因为从小缺乏管教，很小的时候就学会了抽烟、喝酒，后来还沾染上赌博、偷摸的恶习。最后，这个男孩因为赌博输得太多，而去抢劫，最终被送往监狱。

这时候，所有人都认为这个孩子无药可救了，孩子也有破罐子破摔的心理，但他的妈妈却坚信孩子能够改好。

每次探监，她都会重复类似的话：“孩子，你虽然犯了错误，但妈妈知道，你一定能够改正，会做个对自己和家庭负责、对国家有用的人。”

开始的时候，这个孩子不思进取，把妈妈的话当成耳边风；后来听了多次，又看到妈妈信任且坚定的神情，男孩竟然莫名地也觉得自己能够变好，开始积极地改造。

几年过后，男孩出了监狱，不仅改掉了以前诸多的恶习，还学了一样修电器的手艺，挣的钱不但能够养活父母，有次还捐赠二百元给受灾地区，做起了善事。

这个曾经堕落的少年在妈妈正心态的影响下，成为一个对社会有用的人。

孩子会犯错，甚至会犯罪，但不管孩子走到哪一步，你始终都要相信孩子能够改正，今后会做得更好。

其实，不管孩子表现得好歹，都需要父母的支持、鼓励、肯定。有了这些正面信息的影响，孩子内心就会发生奇妙的变化，从而主动改变不良行为，变得努力勤奋，最终会成为一个优秀的孩子。

给孩子贴上“正”标签

教育孩子，不管他身上有多少问题，你都应该给孩子贴上“正”标签，让他在赏识中愉快地改掉身上的缺点，丢掉不良的习惯，变得优秀起来。

小语爱哭，被我批评了。和同学闹了矛盾，或者不小心摔了一跤……她都会伤心地哭很长时间。

我希望小语变得坚强一些，但却没有什么有效的办法。

一天，我读到一个名叫“积极标签”效应的心理学故事，讲的是“二战”期间，美国兵力不足，领导人就把监狱中服刑的犯人放出来充军。这些人说话粗鲁、行为散漫，有着许多不良习惯，根本没法指挥。

为此，军官请来了一个心理学家，看他能否改变这些人的行为。

心理学家到了战场之后，让这些犯人每周给家人写一封信。信的内容由他拟定，主要是写自己在部队里遵守纪律、勇于战斗等类似的好行为，然后让犯人照抄一遍。

几个月过后，这些犯人的言行举止有了惊人的变化，越来越像信中所描述的那样，和正规军几乎没有两样。后来，心理学家就把这种现象定为“标签效应”。

我想试一下这招能否管用，就有意给小语贴上了“坚强”的标签，曾多次告诉女儿她很勇敢，不怕疼痛，不畏困难。小语听我这样说，两眼放光。

随后，我带着小语去广场，路上我俩比赛谁跑得快，小语不小心摔了一跤，刚要张嘴哭，我急忙走到她面前说：“小语是个坚强的孩子，不会为摔倒哭鼻子的。”

女儿听我这样说，一骨碌从地上站了起来，朝我做了一个鬼脸，又和我进行跑步比赛。

我心里暗想：这标签效应所言不虚啊！

孩子爱哭，或者有别的缺点、毛病，你想改变孩子，如果用批评的方式，孩子的不良行为很难快速转变，有时候甚至会更加严重。

你想让孩子改掉缺点，就给孩子贴上“正”标签，这样孩子就会按照所贴标签去做，从而能够有效地改掉身上的缺点、毛病。

让孩子在被赏识中愉快地改掉缺点

有一次，我到一所小学开展讲座，其间，我让孩子们都说说自己的优点，讲讲自己的理想。

其他孩子都踊跃发言，唯有一个小女孩坐在板凳上一动不动，一直耷拉着头。

我走到她身边说：“孩子，你叫什么名字，来讲讲自己的优点和将来的理想。”

小女孩茫然地看了我一眼，小声说："我叫菁菁，成绩不好，妈妈说我是个大笨蛋。我身上没有优点，我也不知道将来能干什么，没有理想。"

听了女孩的话，我的心像被揪了一下，看小女孩一直安静地坐在那里，我决定用此来帮助孩子提高一下自信。

于是，我面向所有的孩子问："你们看菁菁一直都很安静，不打扰我给你们讲课，也不妨碍你们的发言，她是不是一个懂事的乖孩子？"

"是。"孩子们齐声回答。

我回头看菁菁，发现她眼睛亮了起来，可能她从来还没听人这样夸奖过自己。

为了进一步强化菁菁的自信，我对她说："听到了吧，同学们都说你是个乖孩子，其实，你身上有许多优点，将来能够做很大的事情。我是个教育家，相信我说的话，将来你一定能够实现自己的理想。"

"真的？"

我用力地点了一下头，发现菁菁的眼睛更亮了，身体也坐直了，头也昂了起来。

孩子因为成绩一次不佳，或者做错了一件事情，你就骂他是个笨蛋，你本来是想改变孩子，却不知不觉中给他贴上一个"负"标签，那么孩子就会做出与标签类似的行为，很难变得好起来。

教育孩子，不管他身上有多少问题，你都应该给孩子贴上"正"标签，让他在被赏识中愉快地改掉身上的缺点，丢掉不良的习惯，变得优秀起来。

亲子感悟

好孩子之所以变成问题孩子，是因为他一次犯错，我们就给他扣上了"有问题"的帽子，他才最终成了"问题"孩子。其实，问题孩子有可能并不是自身真有问题，或许是你强加给孩子这样的"负"标签导致的。

犯错也可能是一种学习

孩子的成长是在不断探索中进行的，有时候，孩子并不是故意去犯错误，而是沉浸在对新事物的探索中，年龄小，缺乏对自己行为正确与否的判断，所以会出现这样那样的错误。如果你正确引导，不仅会帮助孩子纠正错误，还会使孩子的探索精神得以增强。

即使哭闹，也不能纵容孩子

小语是个很任性的孩子，有时候一件小事，她都要哭闹不停。在她两岁的时候，有一次她的一个发卡找不到了。

“妈妈，你帮我找发卡。”如果她只是和我说这句话，我会帮她去找。可是，小语边哭边说，她用这样的方式来要挟我，让我的心里很厌烦。我不喜欢。

不行，这样下去，今后再遇见同样的事情，小语只会变本加厉地向大人“下命令”。

“小语，哭闹是没有用的，你自己好好想想，上次你把发卡摘下来之后放在哪里了。你如果真想不起来，妈妈就陪你一起找。但是如果你还是哭闹，妈妈一定不会给你找的。”我以温和又不失严肃的语气告诉小语。

小语听了我的话，不再哭闹，乖乖地让我陪她找发卡。不一会儿，发卡就在沙发后面找到了。

我接着又对小语展开教育：“以后找不到东西了，先别哭，慢慢找，实在找不到就请妈妈帮忙。”

下次，如果小语再因为这样的事情哭闹的时候，我就会适时提醒她：“小语，上次妈妈是怎么和你说的啊？”懂事的小语就会收起自己的哭闹，冲我做个鬼脸。

小语犯错之后，我给她指明正确的做法，这就使她对自己的行为有了监督。我对她的教育就轻松多了。

有的父母认为孩子犯错误了，就要及时批评，否则他不会意识到自己的错误。可是，他们也发现，这样的批评效果并不理想，孩子还是会犯类似的错误。

其实，这不是因为你批评得不到位，而是由于你没有掌握好的方法，没有引导孩子在错误中学习，寻求进步和成长。

先做有教养的父母，再教养孩子

下面是我接触过的一个个案。

小亮在家里很乖，回家就安静地吃饭、做作业，可是老师却向他妈妈李女士反映，他在学校里是有名的“捣蛋鬼”。前几天他拿画笔在学校墙上乱画，老师批评他，他却和老师顶嘴，不听老师教育。

这下，李女士疑惑了，自己的孩子在家里不是那样的。她知道自己的孩子喜欢在墙上乱画，还为此“吓唬”过小亮。

有一次，李女士发现小亮在墙上画了很多画，她发现了之后，大声呵斥道：“你是选择自己把墙擦干净，还是想挨打？”

她这一说，还真管用。“妈妈，我擦墙。”李女士看见小亮这么听话，心里美滋滋的。

在家里，李女士会拿“打他”来吓唬小亮，小亮不敢乱画。可到了学校呢，没人管他，所以出现了上述的错事。

李女士问我该怎么教育小亮。我直接告诉她，小亮的错误其实和她的教育有直接关系。

小亮第一次在墙上乱画之后，你应该对他说："画画没有错误，家里的墙壁虽然是可以擦洗的，但是在墙壁上画画是不对的。你自己做错的事情，要自己负责把它擦干净，并且以后也别做这样的事情。"

相信李女士如果那样对小亮说，小亮在学校里可能就是那种很有教养的孩子。

打骂孩子的父母不是有教养的父母，自然也不会培养出有教养的孩子。因此，你要先做有教养的父母，再教养孩子。

批评孩子之前，先询问原因

我很喜欢养花，家里阳台上摆了很多花。一天下班后，我去给花浇水的时候，发现我喜欢的那盆杜鹃花少了很多枝条。家里就只有小松在，不用说，肯定是小松做的。

"小松，你过来，妈妈问你，这盆花的枝条怎么少了？"

"妈妈，我把它种在那个空花盆里了。"

顺着他指的方向看去，我这才发现，不只是那盆杜鹃花，连那盆太阳花的枝条也少了很多。

我很想冲小松发火，可还是捺住性子，想听听他为什么这样做。"小松，你为什么把它们种在空花盆里啊？那盆杜鹃花，都快开花了，被你这样一弄，不但不会开花，还可能会死呢。"我有些着急地说。

"不会的，妈妈，老师说了，还可以长出新的呢。我就是因为知道妈妈喜欢杜鹃花，才想让它多长出一些呢。"小松的话让我有些摸不着头脑。

"妈妈，我们在学校里把太阳花的枝条剪下来，插在另一个花盆里，它竟然长出了新的。我立即就想到你喜欢的杜鹃花了，回家后，我就给你种上了。”

小松这样说，我既生气，又觉得孩子可爱。可是他的错误，我是要帮他纠正的。“小松，不是所有的花都是从一根枝条长出的，但是，你敢于尝试的做法和对妈妈的孝心，妈妈已经感受到了。”

说完，我就给小松讲清楚了为什么太阳花可以插活，而杜鹃花不可以插活。

尽管小松把我的杜鹃花破坏了，但我没有对小松的行为提出批评，我知道，小松丰富的想象力和孝心，远远比一盆花要珍贵得多。

犯错是过程，学习是目的

小语和小松小时候做过一件危险的事情。

一次，有朋友来家里玩。小语和小松见家里有人来，便高兴地跑来跑去，还时不时会插嘴，我和朋友的谈话都难以继续下去。

“小语，你带小松去玩，妈妈要和阿姨说话。”

“我们可以去书房玩吗？”小语问我。当时为了和朋友说话，我就随口答应小语了。她和小松很调皮，经常跑进书房做坏事，所以平时我都不让他们姐弟俩进书房，即便是进去，也是在我的陪同下。

我和朋友就聊开了，过了将近半个小时，朋友提醒我：“孩子怎么没有动静啊？”

“坏了，我把他俩给忘了。八成，他俩在闯祸呢。”

当我走进书房的时候，见两个小家伙正拿着笔筒里的笔想向墙上的插座插进去，见我进来，小松还问我：“妈妈，这个插孔一直都没用过，我们想知道里面有电没有。”说话间，小语和小松都向我投以疑问和好奇的目光。

幸亏我及时进来，制止了孩子的错误，不然还不知道会发生什么危险呢。我想批评孩子，可是转念一想，孩子什么都想试试看，这是他们主动性的体现。

“孩子，电是很危险的，万一触电了，对生命都会造成威胁。你刚才拿笔插进插座，那就很危险，搞不好会电着你，把你电得吱吱叫。”我说到这里的时候，小语和小松的嘴巴张成了“O”形。

“那你们以后还试吗？”我很严肃地问他们。

小语和小松急忙摇头。

接下来，我把家里的电笔找来，教他俩如何分辨有电还是没电，让他们知道电是危险的，同时又让他们学会如何判断有电没电。这是最重要的。

孩子的成长是在不断探索中进行的，有时候，孩子并不是故意去犯错误，而是沉浸在对新事物的探索中，年龄小，缺乏对自己行为正确与否的判断，所以会出现这样那样的错误。如果你正确引导，不仅会帮助孩子纠正错误，还会使孩子的探索精神得以增强。

亲子感悟

给孩子一个机会去经历错误，同时是给家长一个施教的机会。通常情况下，孩子犯错，你就会指责孩子，让其感到羞愧。其实，孩子犯错误是正常的，关键是你对待孩子犯错的心态和采用的方法。方法正确，就能对孩子的成长起到决定性作用，要学会把犯错误当成一个学习的机会。

请把你的爱传达出来

你和孩子之间的关系，除了血缘的传承之外，更多的应该是像同龄的朋友。如果你想拒孩子于千里之外，想在孩子面前摆你的架子，那真是你教育理念上的失败。爱孩子，就把自己变成孩子。

珍惜和孩子沟通的机会

孩子的成长不是一蹴而就的，对孩子的教育也要在不断的亲子互动中实现，这就需要你珍惜和孩子沟通的机会。

老公工作忙，很少有时间安静地坐下来和孩子沟通，即便是沟通，一般也是吃饭的时候。吃饭时候的沟通效果一般都不理想。

这天老公一下班就回家了，他和我商量说，想让小语报个绘画班。“可以啊，可我们还是不能自己做主，最好还是征求一下小语的意见吧。”

“好，那你去和小语说吧。”老公不想正面和小语说这件事情，因为他对孩子的爱很内敛，心里对孩子爱得深刻，也不会对孩子说。我觉得这是老公和小语沟通的好机会，就拉着老公到了小语房间。

“小语，爸爸知道你喜欢画画，就想为你报个培训班，你觉得怎么样？”

小语没有说话，显然是有些犹豫。

老公的急脾气上来了：“只要给你报了，你就要坚持下去，不能半途而废。”我一看老公的语气不好，就制止了老公，对孩子说：“其实你学什么无所谓，只要是你喜欢的，你就可以自己决定。这也是你爸爸的意思。”

小语抬头看了一眼她爸，我用胳膊肘碰了一下老公，老公此时在我的话中受到些感染，说：“是啊，小语，爸爸尊重你的想法。”

“爸爸，我想报个写作班，我喜欢写作文，我还想在作文比赛中拿奖呢。”小语对爸爸这样说道。这是小语第一次觉察到爸爸对她的关心和爱。

自那次之后，老公便开始重视和孩子的沟通，他会抓住生活中的机会，和小语、小松进行沟通。

把自己变成孩子

爱孩子的最好方式，就是把自己变成孩子，站在孩子的角度，把爱告诉孩子，让孩子接收到你爱的信息。

有一次，我带小松出去玩，在回来的路上感到渴了，正好路边有个卖冷饮的小铺，我和小松便坐下来喝点冷饮。当时，那里坐的都是些孩子，我其实是有些不好意思的，所以，只点了一份冷饮。

“妈妈，你怎么别别扭扭的啊？你就坐下来和我一起喝吧。”儿子帮我点了一杯。我坐在他的身边，我想：是啊，我有什么别扭的啊？我在儿子面前还有什么可以伪装的啊？

我就开始注意自己的态度，不让自己在孩子面前显得地位高。我坐下之后，和儿子小啜对饮，我的兴致也变得高涨起来，碰杯，聊着生活中的琐事以及对未来的畅想。儿子把他的很多心里话也都对我坦白了。

“妈妈，你今天和以前不一样。”小松睁着大眼对我说。

“是吗？那你说说，哪里不一样了啊？”我问小松。

“你现在不像是那个只知道批评我的妈妈了，更像是我的朋友在和我聊天。我觉得妈妈很爱我。”小松开心地说道。

“妈妈当然爱你。你喜欢现在的妈妈吗？”

"喜欢，当然喜欢。妈妈一直这样才好呢。"小松说到兴奋之处，竟然自己鼓起了掌。

你和孩子之间的关系，除了血缘的传承之外，更多的应该是像同龄的朋友。如果你想拒孩子于千里之外，想在孩子面前摆你的架子，那真是你教育理念上的失败。爱孩子，就把自己变成孩子。

用心传达爱

有一次，我下班回到家，看见小松手里正拿着一条金鱼，不用说就知道，他是在鱼缸里捞出来的。

当时，我的气不打一处来："我每天在学校那么累，回家之后你还不让我省心，早知道，就不把你捡回家了。"

小松听了我的话，就跑进了自己的房间，客厅里只剩下那条已经被摧残至死的金鱼。那天我的态度不好，主要是工作有些累，回家还要给孩子收拾残局，这次还是我喜欢的金鱼。

这只是个引子。

吃饭的时候，我忙着给小语夹菜，小语不喜欢吃蔬菜，我总是想让她多吃点。这个动作如果是在以前，也不会有什么特殊的。

可是那天，我偏偏生气地对小松说他是捡来的孩子，小松用异样的眼神看着我和小语，然后将筷子一扔，干脆不吃饭了。虽然小松没说什么，我也猜到他此刻是怎么想的。

我走进小松房间的时候，他正背对着我坐在书桌前，只见他在一个本子上写着："我是妈妈捡来的孩子，她一点也不爱我，总是对我大喊大叫，幼儿园里的家长会，她从来都说没时间去参加。我多希望她对我温柔一点，也会夹菜给我吃……"

听见小松的这些话，我再也控制不了自己的情绪了，激动地对他说：

“傻儿子，你是妈妈怀胎十月生下来的，是妈妈的心头肉，妈妈怎么会不爱你呢？你以后的家长会，妈妈会尽量去参加。妈妈对你和姐姐都是一样的，从来都不偏心。”我抱了一下小松。

我在说这些的时候，心里既有愧疚，又不免觉得孩子的思想单纯。他们单纯得无法理解你的爱，那你就直接用语言和动作告诉孩子：我爱你。用心传达出你的爱，孩子才会真正感受和理解，你和孩子的关系也将会不断升温。

亲子感悟

爱孩子，更要让他知道。爱是在互动中实现它的价值的，尤其是你和孩子之间。你在抱怨孩子不理解你的良苦用心时，要想一下自己的教育方式，对孩子付出爱，还要学会向孩子表达爱。只有这样，孩子才能理解你的爱，读懂你爱的信息。

无条件地接纳孩子

深入了解孩子，才能明白孩子的深层心理与需求，才会准确判断孩子做事情的目的，教育孩子时才会有的放矢，最终才会收到良好的教育效果，帮助孩子快速健康地成长。

了解孩子，从沟通开始

一天，我下班回家后，因为手头有紧急工作要做，看见小语没有像往常那样打招呼，就直接走进了书房。

我正在工作，小语悄悄地走了进来，开始在离我比较远的地方转悠，一会儿拿着书翻看，一会儿用书搭建房屋。

来回折腾了一会儿，见我没有反应，她就走到我身边，在左边站着看我一会儿，又跑到右边，还不时地触碰一下我的身体。

见小语这样，我有些不耐烦了，瞪了她一眼说："来书房做什么，转来转去，影响我的工作。"

小语小声说："妈妈，你回家没说话，我就想过来看看。"说完，她扭头出去了。

看着女儿走出书房的背影，我没了心思工作，站起身跟着小语走了出去。

她听到我的脚步声，回头看了我一眼，接着快步跑了过来，抱住了我的腿。我蹲下身抱起女儿，她趴在我的脖子上说："妈妈，你刚才进屋时不搭理我，我心里难过，才到书房找你。”

女儿的话让我的心震颤了一下：我忽略了女儿的感受，还因此批评女儿的不是，心里暗自责怪自己不理解女儿的心思。

从此之后，我注意和女儿多沟通，同时细心观察她的行为举止，因此对小语有了更深的了解。

孩子希望被你关注，想得到你的关爱，这样他能够从中体验到归属感。

假若你的行为没有满足孩子的这个心理需要，他有可能就会想方设法地吸引你的注意。如果你不了解孩子，往往会因此责怪他不懂事，结果很可能就伤了孩子那颗敏感的心。

所以，你一定要和孩子多交流，了解孩子的内心需要，采取温和的态度对待孩子，避免给孩子心灵造成不必要的伤害。

因为了解，所以教育才有效

有一次，小语从幼儿园回到家，从书包里拿出一条明晃晃的项链，在自己脖子上来回比画。

丈夫看见了，以为孩子是从哪里偷来的项链，或者是拿家里的钱买了这东西，他一把夺下女儿手中的项链，厉声问小语：“说，你这项链是从哪里弄来的？”

“是同学小雪放在了我这里，让我戴一晚上。”小语说着，上前就去夺爸爸手中的项链。

丈夫不相信，不仅不给女儿，还说她撒谎。小语听了，坐在地上大哭了起来。

我听到哭声，从书房里走出来，丈夫把事情的经过给我讲了一遍，并把项链递了过来。

我了解女儿，知道她虽然爱美，但不至于去偷别人的东西，也不会拿家里的钱去买这种饰品。

于是，我一边把项链戴到女儿的脖子上，一边说：“我相信女儿说的话。”小语破涕为笑，得意地看了我一眼说：“还是妈妈了解我。”

虽然我相信女儿，但也不敢保证万无一失，决定第二天跟随小语一起去学校，弄个清楚。

结果真的如小语所说，小雪见女儿十分羡慕，就把项链借给了她一个晚上。

我暗自庆幸自己因为比较了解女儿，才没有冤枉她，并且让她体验到了戴项链的幸福滋味。

因为了解孩子，清楚他不会做什么事情，你才能避免错怪孩子。

所以，只有深入了解孩子，你才能明白孩子背后的深层心理与需求，才会准确判断孩子做事情的日的，教育孩子时才会有的放矢，最终才会收到良好的教育效果，帮助孩子快速健康地成长。

让孩子时刻感受到你对他的爱护

不管孩子犯了多大错误，身上有多少缺点，造成多大的经济损失，你都要做到全面接纳孩子，只有这样才能帮助他有效地纠正缺点，变得优秀。

周日，吃过午饭后，丈夫正在洗碗，因为用了洗涤剂，盆中的水里出现了白色的泡沫，小语看见了，觉得好玩，心里想玩水，却对丈夫说：“爸爸，我要帮你洗碗。”

丈夫知道小语的小心思，所以开始没有答应，最后拗不过小语，只好帮女儿挽起袖子，让她小心地洗，并叮嘱她不要把水洒在地上。小语一一答应，开心地把手放进了水里。

最初，小语还能拿着碗，装模作样地洗刷；过了一会儿，她就一门心思地玩起了泡沫，不仅两手捧着玩，还把它朝上扔，把洗碗池周围的地板砖上弄得到处都是水。

丈夫很生气，呵斥小语："开始的时候我就知道你的心思在玩上，现在不仅玩，还把水洒在了外面。怎么走路啊？给我出去！"

挨了批评的小语，刚才享受玩乐的喜悦心情一落千丈，低着头走出了厨房。

丈夫洗好碗时，到客厅发现小语坐在沙发上默默地流眼泪。他既心疼，又觉得孩子有些不可理喻——做错了事还感觉委屈，心里有气，就没有上前哄劝。

结果，整个下午，小语一直都闷闷不乐。直到吃过晚饭，丈夫送女儿睡觉的时候，小语才问了句："爸爸，你不爱我了吗？"说话的时候，眼里噙满了泪水。

丈夫听女儿这样说，泪水也流了出来。他没有想到，因为自己一时没有搭理女儿，竟然给孩子心灵造成这样大的伤害。

孩子贪玩，并因此犯了些错误，你因此责骂孩子，甚至用冷暴力来对待孩子，这样孩子会伤心，甚至怀疑你不再爱他。

因此，不管孩子有什么样的错误，你都不能忽略了孩子的内心感受，应该让孩子时刻感受到你对他的爱护，避免孩子一直处于消极情绪中。

接纳孩子，是无条件的

一次，我到一个学校去咨询，有个初一的男孩，在别人都离开后，独自向我哭诉说："蒙老师，你说父母都是爱孩子的，为什么我却感觉不到他们的爱，我甚至怀疑自己不是父母亲生的！"

听男孩这样说，我吃惊地问："孩子，你怎么有这样的想法？"

"我的父母，看到别的孩子，高兴地逗他们玩，满脸慈祥；只要一看见我，脸立即就拉了下来，还动不动对我打骂。安排我做什么事情，无论我多么尽力，总是数落我做得不好！”

男孩说到此处，已经泣不成声。

他的话引起了我的深思：父母都是爱孩子的没有错，可是有些父母，为了使孩子变得优秀、完美，眼睛总是盯着孩子的缺点，看到孩子有不对之处，就大声批评，没能做到全面接纳孩子。

本意虽好，结果却往往背道而驰，使孩子伤心不说，甚至导致孩子怀疑亲情关系。

你希望自家的孩子懂事、优秀，但很多时候，孩子做得却不如你意，这时候，你就会生气，指责批评他，甚至对他进行打骂，结果只能使他伤心，甚至对你产生误会。

不管孩子犯了多大错误，身上有多少缺点，造成多大的经济损失，你都要做到能接纳孩子，只有这样，才能帮助他有效地纠正缺点，变得优秀。

亲子感悟

孩子因为自己的要求没能得到满足而伤心，你可以对他暂时进行冷处理，但最后还需要对孩子进行安慰，亲孩子一下，或者给他一个拥抱，让孩子知道你时刻接纳他，他才能很快从消极情绪里走出来。

要让孩子快乐

与其天天盯着孩子的分数和进步，不如放手，给孩子信赖和支持，也许这样，孩子更能发挥自己的潜能，他/她自己快乐成长的同时，也会给你带来快乐。

孩子不快乐，你也不会快乐

一次，我去同事家做客，敲门之后，乐乐来给我开了门。我看见他脸上还挂着泪珠，便问他："怎么了，乐乐，是不是有人欺负你啊？"

乐乐回头看了看同事，低声说："妈妈欺负我了。"

我笑着说："妈妈怎么会欺负你啊？"

说话间，同事从厨房里跑出来，卷着袖子，额头上还有没擦干的汗珠。"乐乐，你怎么能说我欺负你呢？回屋看书去……"乐乐擦着眼泪跑开了。

我问同事发生什么事情了。

"还不是因为他笨呀，数学成绩总是上不去，我给他报了个数学辅导班，可是他只去过一次，就不想去了。我还为他报了美术班和跆拳道班，他同样不感兴趣，白白浪费我交的报名费。他痛苦，我也不快乐啊。"

想想刚才乐乐脸上的泪珠，就觉得孩子有些可怜，本该天真烂漫的年纪，却因为妈妈的安排而闷闷不乐。

我对同事说："你花钱做的也不是好事，母子关系还那么僵。你试着让乐乐自己选择一个喜欢的培训班，对孩子有帮助，也能促进你们关系的和谐。”

同事觉得我的话很有道理，便说晚上就和乐乐商量一下。

回家的路上，我在想，教育的目的到底是什么？是为了让孩子精通十八般武艺？为了学习成绩优异，放弃本来属于他们的快乐？显然，这不是教育的真正目的。

快乐成长比分数更重要

小的时候，爸爸平时对我的成绩不是很关心，可是，考试结束后便会催促我把成绩单拿给他看。

一次语文考试，我考得很不理想，刚刚及格。我胆怯地站在门口，对爸爸说：“爸，我考了60分。”爸爸拿起手边的笤帚，就朝我的后背打了一下，嘴里还说：“你真是不争气……”当时我的心里真不是滋味。

那天，我除了要做家务，还要看爸爸的脸色。

接下来的那次考试，我的语文成绩考了95分，全班第一。我拿着成绩单像小燕子一样“飞”到家里，对爸爸说：“爸爸，我考了第一。”

爸爸的眼睛眯成了一条缝，胡子也变得温和很多，合不拢嘴地说：“我的女儿真棒！”他为我做了我喜欢吃的菜，还不让我做家务。

本来，我应该感到开心，可是，想到前后变化如此大的爸爸，我就很难过，我真想问爸爸：“你爱的是我，还是我的分数？”

为此，我觉得我的整个学习生涯都是不快乐的。现在，很多人都觉得我不快乐，经常会叹息，这都是少年时代爸爸对我的教育残留的影响，就算我过得很幸福，以前的不快乐也挥之不去。

与其天天盯着孩子的分数和进步，不如放手，给孩子信赖和支持，也许这样，孩子更能发挥出自己的潜能，在快乐成长的同时，也会给你带来快乐。

每天问孩子："你快乐吗？"

小语和小松进入幼儿园之后，我和他们的接触就变少了，可我坚持每天都问孩子："今天，你快乐吗？"

通常情况下，孩子会把一天里开心的事和不开心的事都和我说。这样，我就能清楚地知道孩子的状态了，也知道该怎么教育孩子。

又是一天到家后，我和往常一样问孩子："今天，你快乐吗？"小语情绪高涨地和我讲了她学校的事情，小松却一直低头不语。

"儿子，你是不是不开心？"我关切地蹲下身子问他。

"不开心，老师说快到儿童节了，要表演节目。"

"这是好事啊，妈妈很想看你跳舞。"我对儿子说。

"可是，老师说我跳得不好，不让我和另外两个同学参加，别的同学练习的时候，老师就让我们三个在一边玩游戏。"说着说着，小松"哇"的一声就哭出来了。

我说："小松，你好好练习，妈妈会和你老师说说，让你表演的。"

我当即便给小松的老师打了电话："老师，前天你还给我打电话让我督促小松在家好好练习，今天怎么不让小松参加了啊？孩子心里多难过啊！你没有把孩子的感受放在心上，不能给孩子快乐，这是你的失职。"我的态度不好，可我是站在孩子的角度在为小松争取快乐。

后来，小松在儿童节的时候表演了节目，很开心。

儿童节过后，我就把儿子送进另一所幼儿园。虽然这所幼儿园承诺孩子会数多少数，会认识多少字，但我还是觉得孩子的快乐是最重要的，那是这所幼儿园给不了的。

让孩子在快乐中体验成功

小语3岁的时候，就开始学习画画了。后来，得到她的同意后，我还为她报了绘画培训班。我经常会陪着她，监督她只有画够时间才能休息，这不是对她要求苛刻，虽然是她选择的培训班，可还是会因耐心不够而半途而废。特别是在刚开始的阶段，是有必要的。

“小语，你会不会觉得画画很辛苦？”

“妈妈，你怎么会觉得画画辛苦啊？”

“每天看你要画那么长时间，就觉得你很辛苦。”

“不会，我画画的时候很快乐。”小语开心地说。

小语的话让我很高兴，她在自然的状态下选择画画作为自己的兴趣，现在俨然已经成了她的快乐来源。

正是在这种状态下，小语的绘画水平不断提高，还是在幼儿园的时候她就已经代表学校参加儿童组的绘画大赛了，还取得了不错的成绩。这也极大地提高了小语的积极性和进取心。

后来有一次，老师问班上的孩子：“你们谁能负责班级的黑板报？要求就是绘画基础好。”小语是班上唯一一个举起手的孩子。她办的黑板报连续好几期在学校里被评为优秀，这些都是小语的“小成功”吧。

绘画是孩子的兴趣，自然是她的快乐，而她的兴趣和快乐又促成了她小小的成功。这在孩子的成长道路上，是多美好的回忆啊！

亲子感悟

你对孩子呵护备至，为他的将来设想好每个小过程，望子成龙，望女成凤，可是孩子并不快乐，教育效果自然不理想。不对孩子设限，给孩子更多的自由和适度的关心，孩子在学习、成功的路上，就会充满快乐。

第二章

不惩罚孩子，不娇纵孩子

了解孩子的需要

孩子的生理需求和心理需求得到满足的首要前提——孩子迫切需要你关注他，这是他内心简单的想法。如果你对孩子没有表示，孩子就会感到失望。相反，你给孩子适当的关注，孩子的需求得以满足后，亲子关系也就会更融洽。

让孩子感觉被重视

一次，我正坐在沙发上看电视，小松满脸愁云地回家了，还很认真地看了我一会儿。小孩子的情绪说变就变，我觉得也没什么大不了的，也就没太在意。

我虽然在看电视，却听见小松的房间里传来了唉声叹气的声音，还夹杂着他乱扔书本的声音。

“这小家伙，在搞什么鬼？”可是，电视剧很吸引人，所以我还是没过去问问小松怎么了。

吃饭的时候，我叫小松出来吃饭，他却不肯出来，只说了一句：“妈妈，你怎么那么不重视我？我是你的亲生儿子吗？”

小松的话让我很吃惊，他怎么会说出这样的话呢？后来一想，肯定是我没有及时问他发生什么事情了，所以他才会产生这样的想法。

“小松，妈妈刚才已经看见你不高兴了，妈妈没有问你，是觉得你已经是大孩子了，会调整好自己的情绪。”我为了让他感受到我对他的关心，便这样对小松说了。但是我知道，在这件事情上，我做得不对。

小松的眼神接着变了，问我："是吗？妈妈，我还以为你只知道看电视呢。"

"怎么会呢，妈妈还知道你为什么不开心呢，是不是考试没考好？"

"你怎么知道呀，妈妈？"

"因为我是你妈妈呀，你的什么事情妈妈都知道。"其实，我只是在刚才叫小松吃饭的时候见他在拿着一张试卷叹气，便猜到发生什么事情了。

接着小松拉着我的胳膊说："妈妈，我的英语只考了80分，但是我已经把错误的都改正过来了。"说着，还让我帮他检查改正得是不是正确。

孩子的生理需求和心理需求得到满足的首要前提——孩子迫切需要你关注他，这是他内心简单的想法。如果你对孩子没有表示，孩子就会感到失望。相反，你给孩子适当的关注，孩子的需求得以满足，亲子关系也会更融洽。

不要忽略孩子的内心

一个正常发育的孩子，除了基本的生理需求得到满足之外，心理上的满足也是必需的。不少父母会觉得孩子年龄小，吃好喝好就行了，殊不知，孩子也有自己的内心需求。

这是一个听来的故事，对我却有很深的影响。

豆豆3岁的时候，她妈妈就去世了，后来，爸爸给她找了个后妈。不久后妈就怀孕了，一次，在楼下，一位阿姨说："可怜的孩子，如果你后妈生个女孩还好，如果生个男孩，那你的日子就不好过了。"

豆豆的心情陡然变得很不好，眼里噙满了泪水。

回家之后，她的目光一直追随着爸爸。她想在爸爸那里获得些许安慰，可是，忙着照顾后妈的爸爸没有注意她的情绪，豆豆更加悲伤。

后妈生产的那天，下着很大的雨，当豆豆听说后妈生了个儿子之后，冒雨跑出去了，跑到妈妈的墓碑前。

后来，爸爸在墓前找到了哭得不成样子的豆豆，心疼地说："孩子，跟爸爸回家吧。"

"我不跟你回家，你根本就不懂我。你就知道给我吃的喝的，从来不问我心里怎么想的。"豆豆冲爸爸喊道。

爸爸这才知道豆豆一直有心事。

"你这傻孩子，你是爸爸的宝贝，爸爸怎么会不疼你呢？"

豆豆这才抹干了眼泪。自那件事情之后，爸爸还增加了和豆豆之间的交流，丝毫没有因家庭新成员的到来而减少对豆豆的爱。一家人其乐融融地一起生活着。

不要轻易对孩子下结论

初二的时候，小语越来越喜欢打扮，还会向陶琳请教如何穿衣服。她甚至会自己去买衣服，每天出门之前，都会在镜子面前照很长时间，还时不时地问我："妈妈，我今天是不是很漂亮？"

这让我很担心，她这个年龄，正是发生早恋的时期，想到这里，我的心一下子提到了嗓子眼儿。

我承认当时是有些不冷静，当小语第二次自己买衣服之后，我竟然将她的衣服给扔了。原以为她会改变一味爱美的习惯，没想到，她根本就没有什么改变，和我之间的交流也变少了。

之后，我便在生活中寻找一些小语谈恋爱的蛛丝马迹，可是，并没有找到。我不死心，一直追问小语是不是在谈恋爱，她否认。我却难以相信她。

"妈妈，我真的没有谈恋爱，只是班上有个同学，我的成绩和她不相上下，最近她打扮得很漂亮，我不能落后啊。"小语煞有介事地对我说。

其实，想想自己像小语这么大的时候，有段时间也很爱臭美。知道她不是在谈恋爱，我的心里轻松很多。

“小语，妈妈像你这么大的时候，也很爱美，每天就想着要穿什么衣服，要怎么搭配，这样一来，妈妈的成绩直线下降，最后只上了普通高中。后来，妈妈明白，美不是靠外表的，外在的美很容易就消逝，由心灵散发出来的美才会持久。”

小语不再说话，我继续对她说：“你是个懂事的孩子，知道现在什么对于你来说是最重要的。你把穿衣打扮的时间用在学习上，成绩会有很大提高的。”

此外，我还为我之前对她的误解道歉，她感受到了我的诚意，也知道了她的表现只是虚荣心在作怪，给她讲清了道理，她就认识到了自己的错误，心思重新放在了学习上。

亲子感悟

孩子需要你给予精神上的慰藉，特别是对于年龄小的孩子。一般来说，孩子都喜欢被成年人关注和认可。你了解孩子的需求，给孩子适时的安慰和鼓励，往往会使孩子获得心灵上的愉快，促使他们更加积极努力。

放弃要快速改变孩子的想法

在这个急功近利的社会环境中，慢的教育逐渐减少。教育孩子是一门慢的艺术。孩子是朵花，只有经过漫长的教育和等待，才会绽放。

别误会了孩子的个性

平时我的工作很忙，只有周末的时候才能对家进行彻底大扫除，所以我一般都会嘱咐其他家庭成员保持家庭卫生。

可是，自从小语开始学习画画以来，家里的墙壁和沙发便成了她涂鸦的好地方。自从第一次见她在墙上画画之后，我就提醒她不要再画。

又是一个周末，我刚把沙发擦干净，打扫厨房的工夫，她又在沙发上画了一只小兔子。

“不是刚给你说了吗？不能在沙发上画！”我还抢过她的画笔，扔在地上。

也许是怕我，小语竟然没有说什么，径直走进了自己的房间。事后两天内，小语一直不和我说话，即使我问她话，她也是不作声。

我送她去培训班学习画画，她也不出门。

“你这孩子怎么那么犟，那么不听话！”在我看来，小语的表现就是有点倔。

“我就是喜欢画画，看见沙发自己玩那么孤单，我就画了只小兔子陪沙发玩。”沉默了几天的小语说出这样的话。

我真诚地向小语道歉，给她准备画笔和画纸，让她在纸上画画。还好，她的积极性并未被我打消，否则，我会感到更愧疚的。

孩子喜欢画画，以及她可爱的童心，在我看来却成了她有个性的表现。其实，孩子有个性是件好事，孩子越有个性，就越会主动地控制自己，长大后才会成为有能力、有个性、具备自控能力的人。

呵护孩子的最初

虽然我喜欢做饭，可是也难免有厨艺不佳的时候。一次，我给孩子们做了宫保鸡丁，可是，我把鸡丁炒老了，小语和小松尝了一块之后，说太硬，一点儿也不好吃，说什么也不肯吃第二块。

这多多少少让我有些不开心，我辛辛苦苦做出来的菜，孩子们都不吃。

为了证明自己的能力，第二天，我又买了同样的材料，给孩子做宫保鸡丁。这次，我特别注意把握火候，做出来的颜色也不错，我尝了一块，又香又嫩。

我把我的“杰作”端到孩子面前的时候，我拿筷子给孩子夹菜，小语直接跑开了；我把菜放在小松嘴边的时候，小松紧闭着嘴，不肯张嘴吃。

“这次妈妈做得很好吃，你尝一下嘛。”我有点忘了自己是长辈的身份，想让孩子尝试一下自己的作品。

小松还是皱着眉头，不肯尝试。在我看来，孩子的这种表现是不对的，如果总是被自己的固有想法限制，那样就会为自己的思想设置禁锢。

孩子成为自己固有思想的奴隶，这是我教育的失败。可能是我平时创造的家庭环境让孩子觉得受到了束缚，不然孩子不会成为现在这样。

不想小语和小松对事物有那么强烈的不安全感，我对小语和小松说：“妈妈尊重你们的做法，不吃也可以，但是人生要敢于尝试，打破自己的旧有观念。”

这句话我同时也在说给自己听。

别吓唬孩子

同事小赵家的孩子赵亦是个胆小的孩子，晚上不敢自己在家，更别提让他出门了。一个11岁大的男孩，应该已经成为小男子汉，坚强、勇敢应该是他的代名词，但赵亦却胆小怕事。为此，小赵很头痛。

一个偶然的机会，我去他家做客。这个孩子比其他同龄孩子显得胆怯，我主动跟他打招呼，他也敢和我说话。小赵做饭的时候，发现家里的葱没有了，便让赵亦去储藏室拿。

“妈妈，你去拿吧，我不敢。”赵亦小声地说道。可能是有我在的缘故，他的脸涨得通红。

“你有什么不敢的啊？你不敢就去那个黑屋子待着。”说完，小赵推推搡搡地把赵亦关进了一个黑暗的屋子，在外面上了锁，嘴里还说着，“你再说害怕，我就叫警察来抓你！”

她的家庭教育方式我实在不敢恭维，我直接就对她说：“你这样急于求成，孩子反而更胆小。你给他的全都是负面评价和类似于‘恐吓’的批评，孩子的心灵会受伤的。久而久之，孩子会更内向、更胆怯。”

我从她的手里拿过黑屋子的钥匙，把赵亦“放”出来。赵亦的手都在发抖，嘴唇哆嗦，一句话也说不出来。我心疼地拉赵亦坐在沙发上，小赵却说：“没事，等会儿就好了。”

“等会儿就好了，你已经用过多少次这样的方法了，不也是没有用吗？换个态度对待孩子，孩子也不会像现在这样啊。”我的情绪有些激动。小赵也很激动：“李老师，在孩子的问题上，确实是我错了。”说完，小赵摸着赵亦的头，说，“妈妈以后不会这样对你了，慢慢来，你一定会变得勇敢的。”母子俩抱在了一起，这是让我欣慰的场景。

教孩子持之以恒是关键

生活中，你也许会经常抱怨：一遍遍给孩子讲道理，可是孩子还是按照自己的步调成长，完全不在意你之前给他讲过什么。

不少家长向我咨询如何教育孩子才能帮助孩子建立良好的生活和学习习惯。这个时候，我会对他们说：教育要持之以恒，想一瞬间，或在很短的时间内改变孩子的不良习惯是不可能的。

之前，我也有这样的困惑。

小松3岁的时候，已经可以背诵好几首古诗了，连家里的电话号码、我和老公的手机号码，他也能轻松地背出来。这让小松得到了周围人很多的表扬。

在这个阶段，我把认为孩子可以接受和掌握的知识坚持教给他，我坚持教，小松便能记住很多，一旦错过这个黄金期，可能会成为自己和孩子一辈子的遗憾。

一次，小松跑回家，对我说：“妈妈，隔壁妞妞都会背好几首古诗了，我一首还不会呢。”

小松像是换了个人似的，求知欲很强，这和平时一教他东西，他就厌烦完全不同。慢慢地，我就找到了教育小松的好方法，只要他不听话，我就会教他背古诗，还教他记电话号码。小松越来越听话，记忆力也越来越好，真是一举两得。

在这个急功近利的社会环境中，慢的教育逐渐减少。教育孩子是一门慢的艺术。孩子是朵花，只有经过漫长的教育和等待，才会绽放。

亲子感悟

你可能会说，教育孩子的时候，你不是不想慢，而是社会让你不能慢下来。你总是希望孩子可以在很短的时间内达到你所理想的程度，其实那是不现实的。给孩子留出足够的时间和空间，等待孩子从容地成长。

对孩子亮出你的赞美

赞美孩子，鼓励孩子——孩子取得更大进步——再次赞美，孩子达到更高的目标。这是个良性循环，孩子也会在你的赞美下，攀上人生的高峰。

像训练海豚一样教育孩子

海豚是种聪明伶俐的动物，它精彩的表演让很多人为之赞叹。小松从小就喜欢它们。每隔一段时间，他都会让我带他去海洋馆看海豚表演。在陪小松看海豚表演的时候，我也从中学到了很多家教理念。

这天，海豚表演“高空顶球”。每当海豚跳起的时候，在座的观众都会报以掌声。海豚历经一次次的失利，最终一跃，顺利顶到那个放置的足有六米高的球。

驯养师向大家介绍：“谢谢大家。海豚被你们的掌声感染了，这是它第一次跃过6米。”话音刚落，场馆里又响起了热烈的掌声。

“妈妈，海豚为什么会这么聪明啊？”

我笑着说：“那是因为驯养师聪明啊。”

我这样说，是有根据的。可能你不知道，海豚如此优秀的背后藏着很多小秘密，这就和海豚驯养师的“教育”有直接关系。

训练海豚的时候，驯养师都会给海豚安排几个循序渐进的过程，球所放置的高度也在不断增加。海豚跳过第一个高度时，驯养师都会用手轻轻抚摸它们，给它们食物作为奖励，海豚便会从中受到鼓舞，向第二个、第三个球发起挑战。

在家庭中，你完全可以奉行“拿来主义”，将驯养师训练海豚的方法用在教育孩子上。

结合孩子的实际，不断对孩子提出更高的要求。在提出要求的时候，要给予适当的赞美，孩子在接受赞美的时候，是自信最强的时候，假如这时你提出要求，孩子会欣然接受，并且会像海豚一样，经过努力，最终实现自己的目标，实现自我突破。

及时给孩子赞美

我和孩子的爸爸都很喜欢下围棋，空闲的时候，经常在一起切磋棋艺。小松3岁的时候，就喜欢看我们下棋。通常，他会目不转睛地看着我们下完整盘棋。

“儿子，真不错，妈妈像你这么大的时候，还分不清黑子和白子呢。你现在比妈妈当年强多了。”我这一说，小松害羞地低下了头，但是看得出，听见我的一句赞美，他还是很开心的。

接下来的日子，我就开始教小松下棋，在兴趣的指引下，小松学得很快，没过多久，他的棋艺在整个小区都很有名。

小松一直没有战胜过我，这多少让他有些沮丧。偶尔一次在和我下棋时，我故意让了小松几个子，他赢了我，我抓住这个增加小松信心的机会，对他说：“真不容易，儿子，你终于赢了妈妈了，进步很大，今天晚上带你去饭馆吃好的。”

得到我的表扬，小松赢我和他爸爸的次数越来越多。为了提高他的棋艺，我便带他和小区里喜欢下围棋的人下棋，最初，小松兴致勃勃地要求和对方多杀几盘，可是，赢的次数却不多，回家后，小松的情绪就会变得很低落。

“小松，妈妈相信你的学习能力，你和别人下棋的时候，就是个学习的过程。王叔叔还说你的悟性很高，很有前途呢。”我的话让小松重新充满信心，开始总结、摸索。

过了半年，小松已经下遍小区无敌手了。后来，他主动让我帮他报个围棋培训班，在那里，他又结识了很多棋友。每当他有困惑，或者被别人赢了之后，我都会给他极大的赞美和鼓励。

5岁的时候，小松已经可以代表学校参加市里的围棋比赛，还拿到了第三名的好成绩。

赞美孩子，鼓励孩子——孩子取得更大进步——再次赞美，孩子达到更高的目标。这是个良性循环，孩子也会在你的赞美下，攀上人生的高峰。

责备前先给些表扬

一次，我去朋友小王家玩，他来小区门口接我。突然，我被一个篮球打中了，当即，我就坐在了地上。小王扶起我，火冒三丈地冲那个孩子说：“你是不是没长眼睛啊？怎么往你李阿姨身上打？”说着，还想上前去打那个孩子。原来，那是小王的儿子乐乐。

“阿姨，对不起。”乐乐胆怯地说。听见孩子道歉，我的火气便烟消云散了。

“没关系，这说明孩子的球技好啊，瞄得准。早就听你妈妈说，你想当篮球明星，看来还真是有潜质。”我开玩笑似的边夸乐乐，边替他解围。

乐乐开心地笑了，接着又向我说了声：“谢谢，我会加油的。”

这让我想起小时候，发生在我身上的一件事情。

我喜欢画画，小时候的梦想是当一名画家。那次在课上，我没有好好听课，为班主任画了一张素描。晚上回家后，我兴奋地将我的“大作”拿给爸爸看，本来以为爸爸会夸我画得好，没想到，劈头盖脸的责备接踵而至。

“你不好好听课，画这些有什么用？”“花钱供你上学，是让你学习知识的，不是让你学这些没用的。”“以后别画了，把心思用在学习上！”……

我的热情被爸爸浇灭了，自那次之后，我对画画提不起丝毫的兴趣，每当想画的时候，爸爸的批评就会浮现在我的脑海，我也就没了拿起画笔的勇气。

相反，如果爸爸当时先夸我画得不错，然后再向我强调要好好听课，我就能获得鼓舞，还会接受他的责备，现在的我，说不定就成绘画大家了呢。

面对孩子的无心之过，你可以改变思考的方式，先肯定孩子的优点，这样，孩子的很多爱好就可以继续，梦想也就可以实现了。

亲子感悟

孩子的成长不是一蹴而就的，是个不断辗转前进的过程，你的支持就显得格外重要。必要的赞美，会带给孩子满足感和成就感，世界上没有人不需要赞美，特别是年幼的孩子。你是孩子最亲近的人，你的赞美更能激励孩子进步，促使孩子坦然面对成长道路上的曲折和困难。

赏识让孩子更自信

当你为孩子不能改正自己的缺点着急时，不妨先用放大镜去看孩子的优点，你会发现孩子的可爱之处和可取之处。你也会发现，放大孩子的优点，孩子具备的优点也就越来越多。

相信孩子是最好的

每个孩子的潜力都很大，要想把孩子的这些潜力激发出来，就要学会从赏识入手，学会赏识你的孩子。

身为父母的你，也许还会有这样的体会：孩子开始学习走路的时候，就算他不断摔跤，你也会鼓励他再次站起来；孩子牙牙学语时，你也会耐心地把“妈妈”这两个字教他一遍、十遍、一百遍……

孩子学会走路、说话的时候，你还会骄傲地对别人夸孩子聪明。那时候，你的心里对孩子全是赏识。

可是，随着孩子年龄增大，你对孩子的态度就发生了很大改变，你觉得孩子哪里都不如别的孩子——个子没有别的孩子高，性格没有别的孩子乖，成绩没有别的孩子好。

以这样的心态对待孩子，孩子就会从你那里获得消极评价，变得不自信，成功也就无从谈起了。

如果一直以赏识的态度对待孩子，包括孩子的个子矮、性格不乖、成绩不好，孩子就会在你的信任下，逐渐完善自己，取得进步。

放大孩子的优点

当你为孩子没有达到你的要求而烦恼时，就要用放大镜观察孩子，回味孩子的优点，你总会发现孩子身上的可爱和可取之处，那时，孩子的一个动作、一句话都会唤起你的良好体验。

小语平时学习很刻苦，听老师说在学校里也很用功，可是考试的时候，她的成绩总是不理想。考试后，小语经常会垂头丧气地对我说："我好像把小数点点错了，英语单词好像多写了一个字母……"

最后，她还会加一句："如果不是这样，我的成绩在班级肯定是第一名。"

每当这个时候，我都会生气地批评她说："你怎么那么笨呢，这种低级错误你也犯。你只是说如果，可是有什么用？"说话的时候，小语低着头不说话，我看得出她情绪很低落。

这让我觉得自己刚才的话和语气都太重了，但是我必须让她知道粗心大意是她必须克服的弱点，否则对她今后的学习都会产生很大影响。

有一天晚饭后，我收拾完餐桌后，发现小语细心地把餐桌上残留的一个米粒擦干净了，还对我说："妈妈，你怎么那么不细心啊？"

小语这样说，让我心里一乐，这不正是教育小语的好机会吗？

"小语，你真棒，那么大的一个米粒，妈妈都没看见，你真是太细心了。以后在学习上，你也要像现在这样细心，妈妈相信你的成绩会更理想的。"

听我这么一说，小语不好意思地低下了头，我相信，她会记住我夸她时的愉快感受，在学习中改掉自己的坏习惯。

当你为孩子不能改正自己的缺点着急时，不妨先用放大镜去看孩子的优点，你会发现孩子的可爱之处和可取之处。你也会发现，放大孩子的优点，孩子具备的优点也会越来越多。

宽容孩子的缺点

有一天，小松在楼下和别的孩子玩骑马打仗，又蹦又跳，回到家的时候，全身都沾满了泥，干净的地面上顿时多了几个泥脚印。

他的脸上汗水混合着泥，被抓出了几条道道，白色的运动衣上还印着几个鲜明的手指印，头发上还沾着泥。

“你怎么不学你们同学赵军，学习好，爱干净，有时间就在家里学习。你看你，心思都在玩上，衣服脏了，还不是要我帮你洗……”对小松发牢骚，我的话会很多。

小松却不把我的牢骚当回事，捂住耳朵，冲我吐了吐舌头，扮了个鬼脸，跑到自己房间里去了。我一边生气，一边还要帮他洗刚换下的衣服。

可是老公却在一边笑了，他走到小松房间，说：“小松，你爱玩，其实是好事，安静地待在家里，那就没有朝气了，爸爸支持你和朋友玩。可是，妈妈帮你洗脏衣服很辛苦，你是不是该学习一下自己洗衣服？”

“我不会洗，爸爸，我还从来没洗过衣服呢。”小松说道。

“没关系，妈妈可以教你。”

小松除了贪玩之外，还很懒。我不想给他机会偷懒，所以这样对他说。

“那好吧。”

说完，小松从自己房间走出来，要求我教他洗衣服。

事后，我想，孩子贪玩、懒，也都是某个阶段的缺点，等孩子上中学、高中、大学，想这样玩也没机会了。何况，他已经学会洗衣服了，这是他的收获。我何不宽容一下他的缺点，以赏识的态度看待他的成长呢。

想到这里，我的心就释然了。说来也怪，当我转化思维之后，在我眼里，平时这也不好、那也不好的小松也突然变得可爱起来。我和他的关系，也亲近了很多。

常对孩子说：“你能行！”

我担任初中毕业班班主任的时候，班上有个学生，她是以第一名的成绩进入班级的。可是不知道什么原因，她的总体成绩一度跌落到二十名之外。

她心里很着急，她的爸爸压力也很大。他认为给孩子压力，孩子才会有进步的动力。于是，他每天都给孩子提醒，让她好好学习。可是，这样一来，本来就很着急的女儿更加烦躁，学习也更不在状态。

“李老师，你说她怎么成绩就上不去啊？还有几个月就要中考了，这可怎么办啊？我每天都盯得很紧，可还是没有起色。你说我该怎么办啊？”他实在是没办法了，才来向我咨询。从他的话中，我就知道是他的教育方式出现了问题。

“你一直想孩子成绩优异，可以考上重点高中，可是孩子现在的情况，别说考重点高中成问题，连上中专都保证不了。你要改变一下急于求成的心态，站在孩子的角度想一下，对孩子多些鼓励和赏识，孩子不再背负你那么多期望，可能会轻松很多，成绩也会取得进步。”

大概沉默了三分钟，他说：“李老师，谢谢你，我想通了，我知道该怎么做了。”

他和女儿进行了沟通：“孩子，你学习一向很刻苦，李老师和我都看得很清楚。我们很欣慰，因为你是个积极向上的孩子。我相信你能行，你会把握住自己的前途的。”

女儿对他的反差诧异不已，愣了好一会儿才哭着说：“爸爸，我一定会努力的！”

从那天晚上开始，她刻苦学习，最终以理想的成绩升入高中。

经常对孩子说：“你能行！”孩子便会在这样的环境中，将“你能行”转化为“我能行”，这样，孩子离成功也就更近了。

要自豪，但不要骄傲

“你才是坏孩子呢，我爸爸说我是世界上最好的孩子。”如果不是我亲耳听见小语和别人这样说，我还不知道对她的教育出了问题。我们对孩子一味赏识和表扬，没想到滋生了小语的骄傲情绪。

这样下去，小语身边的孩子会因为她的骄傲，拒绝和她做朋友。在之后的生活中，我和老公便有意识地注意这一点。

一次，一个朋友带孩子来家里玩，老公给三个孩子出了一道数学题，小语用两种方法解答出来了。朋友对小语赞不绝口，小语以不屑的眼神看着小松和那个孩子。

老公怕小语骄傲，便对朋友使了个眼色，朋友停止了夸奖。老公说：“这主要是因为我出的题目是小语这学期学的，我就知道她会做。”

朋友似乎看出了我们的意思，附和着说：“难怪。”

小语收敛起刚才的骄傲，谦虚地坐在一边，听我们聊起了家常。从那之后，小语不再那么骄傲了。

赏识孩子固然重要，但是要把握好“度”，赏识过多，激励就会失去原有的效果。

亲子感悟

生活在被赏识中的孩子，能拥有满满的自信，他们会在一次次的成功和失败中，还愿意尝试，不断积蓄自己的能量，提高自己的竞争力。那你就不要吝啬你对孩子的赏识，从夸孩子开始培养孩子的自信，孩子就会越来越优秀。

引导比说教更有效

只是通过一个简单的引导，孩子就会明白自己行为所不恰当的地方，这比你单纯命令孩子应该怎么做，效果要显著得多。

用引导代替命令

一天，我的婆婆给孩子买了葡萄，洗干净后放在果盘里，小松拿起来就吃。

“小松，给奶奶一颗吧。”说着，婆婆张嘴想让小松放她嘴里一颗。可是，小松却跑到我面前，对我说：“妈妈，奶奶真馋，竟然吃我的葡萄。”

婆婆的脸顿时变了颜色。她只是想试探一下孩子是不是孝顺，没想到，小松却那样理解，这让婆婆很失望。对于小松的言行，我也很生气。

“你现在拿着葡萄给奶奶吃，而且，还要给我拿几颗，我也想吃。”我严肃地对小松说。

“不，这是小孩吃的，大人不能吃。”小松立即对我说。

我觉得有必要给小松讲一讲尊敬老人和孝顺老人的道理了。换了个方式和语气，我继续和小松沟通。

“小松，平时奶奶疼你吧？奶奶每天都给你做饭，洗衣服，还要送你上学……”

“嗯，疼我。”小松说道。

“奶奶那么疼你，你是不是也应该疼奶奶呀？”我试着引导小松。

“妈妈，奶奶是大人，我该怎么疼奶奶呀？”小松问我。

“你可以给奶奶吃葡萄，帮奶奶捶捶背呀。”我提示小松。

小松开心地把葡萄放进婆婆嘴里，还说：“奶奶，你多吃点，我再帮你捶捶背。”说着，抡起小拳头就向奶奶的背部砸去。婆婆很开心。

正当我看着他们祖孙俩的时候，一旁的小语拿着一颗葡萄塞进了我嘴里，什么都没说，可是我却很欣慰。

只是通过一个简单的引导，孩子就会明白自己行为所不恰当的地方，这比你单纯命令孩子应该怎么做，效果要显著得多。

激发孩子向上向善的心

孩子小的时候，我经常带他们参加我们大学的同学聚会。小语4岁的时候，一次聚会，我带她去了。

我和别人说话的时候，小语就开始寻找自己感兴趣的人和事了。

“叔叔，你疼不疼啊？”我顺着小语的声音望去，她正摸着小刘胳膊上的伤疤，眼睛里的泪珠都要落下来了。

那是一道怎样的伤疤啊！被火烧了之后凹凸不平，足足有10厘米长，就连我现在看见，都觉得有些触目惊心，更何况一个几岁大的孩子。

“叔叔，我给你揉揉吧，揉揉就不疼了。”正当我想着小语可能会跑到我身边的时候，听见小语用稚嫩的语气问小刘。

这让小刘很吃惊，他抱起孩子说：“你怎么不害怕呢？还知道关心我，你真是个小可人。”说着，小刘抱着小语来到我身边，说，“你孩子真有爱心，是个善良的孩子。”这让我很自豪，有个善良的宝贝。

以前的小语可没有这么善良。一次在回家的路上，遇见了一只小狗，腿部正流着血，难以站立，小语从它边上径直走过去了，我对小语说：“如果你自己在外面受伤了，是不是想得到别人的帮助啊？”

小语点了点头，我的眼神落在小狗身上，小语明白了我的意思，她把小狗抱回家，给它敷上药，不一会儿的工夫，就和小狗成了好朋友。

“小语，如果你找不到主人了，会不会很伤心？”我又引导小语，小语点点头。

“妈妈，那我们在小区楼下贴张纸，帮小狗找主人吧。”小语的爱心被激发出来了，提出了这么好的建议。

一次次这样的事件，使得小语变得充满爱心，聚会上的那一幕正是她爱心的体现。

利用孩子向上向善的心理加以引导，你会发现孩子更加真诚了，他们的爱是有穿透力的，会更受欢迎。

偶像，是用来超越的

小语和姑姑陶琳的关系很好，只要陶琳来，两个人就会在小语的房间里切磋音乐——因为两个人都那么热爱音乐，屋子里时不时地传来两个人的歌声。陶琳30多岁的人了，可是却和小语有共同的偶像：张韶涵。

在陶琳的影响下，小语对张韶涵越来越痴迷，一次，我见她塞着耳机，还以为她在学习英语，我拿过来一听，竟然是张韶涵的歌。这都快要中考了，我心里怎么能不着急。

“妈妈，我想参加模仿比赛，同学们都说我的嗓音和张韶涵的很像。”小语兴奋地对我说。

我不是古板的妈妈，不控制孩子的爱好和兴趣，可是我觉得“基本的文化素养”还是要放在孩子成长过程中的首位的，所以，我还是希望小语先把学业搞好。

当天晚上，我就把小语的MP3和张韶涵的专辑没收了，还说：“你如果考不上高中，这些东西就不还你了。”小语急得哭了，可我并没因此将东西还给她。

小语没有因为我的命令就把心思放在学习上，她整天闷闷不乐，成绩反而更差了。我和陶琳讨论了一下，陶琳说正好最近有个张韶涵的演唱会，让我带小语去看。她还告诉我，去了就会有收获。

我就按照陶琳说的去做了，费了很大劲买了两张演唱会的票，这让小语兴奋不已。她和我的关系有所缓和，其实，更重要的影响是在演唱会上。

张韶涵向歌迷说了自己的成长历程、自己所付出的艰辛，这让我有些激动，因为这是教育小语的好时机："小语，你看张韶涵付出了很多努力才取得今天的成功，你是不是也该向她学习啊？"

小语连连点头称是。

"孩子，你不能只看见偶像光鲜亮丽的外表，还要看到他们背后的付出，你说是吧？"我继续补充道。小语很赞同。

回家之后的小语，就像是变了个人，把心思全都用在学习上，说要超越她的偶像，这让我很欣慰。

人生就是一个不断模仿、学习、超越自己的偶像的过程，如果你能用正面教育引导孩子，孩子的前进之路会更顺畅。

使用暗示法，让孩子知错就改

旁敲侧击是种无声的教育，孩子会从中反省自己的错误，它会使教育的力量抵达孩子的心灵深处，帮助孩子轻松地改变现在的不良习惯和行为。

一个同学在上初中的时候，有一段时间，出于好奇学会了吸烟，并且一发不可收拾。那时候身上没有零花钱，他跟着周围的孩子学会了在放学路上"打劫"。低年级的孩子乖乖地将身上的钱交给他们几个，然后他们拿钱去买烟。

每天都想着这些事情，他的成绩可想而知。那次开家长会之后，他想妈妈肯定知道了他的近况，心里已经想好了如何迎接妈妈晚上的教育。

可是，家里却很平静。吃过晚饭，他在看电视，爸爸和妈妈在一边聊天。

“我单位同事有个孩子，成绩一直不错，可是最近成绩却掉下来了，急得同事团团转。他的孩子还有半年就要参加高考，他怎么能不着急呢？他之前还和我们说过他家孩子一定会考上高中，要是考不上，同事会很没面子的。”妈妈说。

“那个孩子出现什么状况了？”爸爸问道。

“那个孩子是因为被别人唆使，去抢学校门口的商店，结果没抢到多少东西，被警察带走了。看在他们是未成年的分儿上，没有对他们进行处罚，学校也没有因此开除他们。可是，那个孩子的成绩却因此滑下来了。”妈妈不无遗憾地说，“一个好孩子的前程就这样毁了。”

一旁我的同学，脸突然烧得厉害，他从爸爸妈妈的聊天中看到了自己的影子。他不想成为让爸爸妈妈伤心的孩子，于是，关了电视，一个人回到屋子里，思考自己最近的表现。第二天的他，就像变了个人，恢复了之前那种积极状态。

亲子感悟

现在的孩子，多数自主性很高，你就要调整一下教育孩子的方式，改变居高临下教育孩子的姿态，用引导代替命令，少说教，多引导，这样既能保持良好的亲子关系，又能达到教育孩子的目的。

用激励照亮孩子的成长之路

鼓励孩子是一种艺术。每个孩子的成长都是建立在自己的优点之上的，对于孩子的每一点进步，给以及时鼓励，对孩子的健康成长有很大帮助。

激励，激活孩子的潜能

初中的时候，我就对写作产生了浓厚的兴趣，可是我脑中经常会有奇怪的念头，这常常会在文章中有所体现。可是，我接触的很多语文老师都不肯定我的文章，他们通常认为我是个脑子有问题的孩子，这让我很难过。

直到我遇见一位新语文老师，第一堂课上，她就给我们布置了一篇作文，第二天发下作文本之后，我看见上面赫然写着：“写得很好。”

就是这四个字，让我眼前一亮，顿感精神，信心倍增，写作的热情更高了。之后的日子，我每天都坚持写，并且经常带给语文老师评阅。每次，老师都不断给我打气。

在她的激励下，我的写作水平逐渐提高。她还把我的文章推荐到校报上，这更加增强了我的自信，就这样，我的写作生涯正式开始。

如果不是当年老师给我的激励，我就不会有今天的成绩了。

一句鼓励可以帮孩子塑造自己的人生，也可以使孩子迸发出激情和潜能，在自己擅长的领域成为出色的人物。

鼓励孩子的每一点进步

小松刚进幼儿园的时候，是个很调皮的孩子。老师反映，午睡的时候，他睡不好，可能是刚进学校不适应，他自己不睡，还唆使其他孩子不好好睡，这让老师很头痛。

我便抽了一个中午去看小松。那天，小松出奇地乖，一会儿就睡着了，醒来的时候也没有哭闹。我和老师都夸他："小松，你今天睡觉时表现得最好，你是今天最优秀的孩子，你要坚持啊。"

一听我们夸他，小松说："我会坚持的。"果真，第二天，听老师说，他又乖乖休息了。

还有一次，我带小松出去玩，在路上，我们碰到一个哭闹的女孩，和小松差不多大，那个孩子哭着要吃糖，可是周围根本没有超市，她妈妈哄她也没有用，她还是哭个不停。正好小松口袋里有一包QQ糖："小松，拿出你的糖给这位妹妹吃吧。"

小松摸了摸自己的口袋，很不情愿地向后退了退。

"我们家小松是个很大方的孩子，在家里，每次有好吃的，都给我吃。他的表妹乐乐和你家孩子差不多大，乐乐一到我家，小松就特别照顾她，有好吃的都分给她。"我对女孩的妈妈说。

说到这里的时候，小松马上从口袋里掏出那包糖，递给女孩，还给女孩剥了一颗放在嘴里，女孩破涕而笑。

"孩子，你真大方。"女孩的妈妈摸着小松的头说道。我也向小松投去了微笑。自那件事情之后，我明显感觉到小松的变化——变得不再"小气"。"小气"虽然是孩子必经的一个过程，可是适当的教育可以使孩子的这个过程大大缩短。

鼓励孩子是一种艺术。每个孩子的成长都是建立在自己的优点之上的，对于孩子的每一点进步，给以及时鼓励，对孩子的健康成长有很大帮助。

把握好金钱激励的度

一次，我去同事赵玉家玩，见到了她可爱的儿子军军。军军今年已经读幼儿园大班了。

“李阿姨给你带来玩具了，赶紧和阿姨打个招呼。”赵玉催着军军跟我打招呼，可是军军却伸出了手。赵玉打了一下军军的手，军军的手缩回去了。

“军军，听你妈妈说你唱歌唱得很好听，你给阿姨唱一首歌吧。”我对军军说。

“5元钱。”军军再次伸出了手，还附带了一句。这让我在不解的同时感到些许尴尬。

赵玉让军军回自己的房间，然后向我解释刚才发生的那件事情。

原来，军军以前是个很任性的孩子，不听话，不懂礼貌；邻居家和军军一样大的俊捷，以前也和军军一样，但是有段时间，赵玉发现那个孩子懂事多了。

一问才知道，是因为那段时间，俊捷的妈妈对他实行了奖励政策：对人有礼貌奖励5元钱，在幼儿园得小红花奖励10元钱，帮忙做家务奖励5元钱……

现在，我可以理解军军刚才的举动了。赵玉说自己的这种教育是失败的，因为现在如果不给军军钱，他就什么都不做，有时候让他递遥控器，他都要伸手要钱。

你想用奖励的方式来激励孩子，运用得当，就会起到积极作用；然而运用得不恰当，给孩子过多的金钱奖励时，孩子就会产生被动心理，产生相反的效果。因此，在用金钱奖励孩子的时候，一定要把握好度。

用名人榜样激励孩子

榜样的力量是无穷的。激励孩子的方式有很多种，但是名人榜样的方式更加直接和有效。孩子通常会在自己的偶像中寻找自己今后的影子，也从中汲取更多的精神和能量。

曾经接触过一个案例。

有个叫天天的孩子，先天性口吃，可是她的妈妈反而给了她更多的关心。天天喜欢写文章，还喜欢朗诵，可是由于言语残疾，她对自己很没信心。妈妈给她讲了海伦·凯勒学习的故事。

海伦·凯勒是美国著名的女作家，小时候生了一场大病，导致双目失明，耳朵也失去了听觉。后来，她遇见了一位老师，老师让她接触水，然后在她的手心上写下“water”这个单词，这样海伦就知道了什么叫水了。

海伦用这个办法一个一个记单词，日积月累，学会了不少词汇。她不怕困难，以惊人的毅力学习、生活，终于成为举世闻名的作家。

妈妈告诉天天，海伦是一个又聋又瞎的孩子，因为不放弃最终取得了成功，你只是表达上比别的孩子差些，妈妈相信你会做得更出色的。

自那天之后，天天就把海伦当成了自己的榜样。聪明的你也应该向天天的妈妈学习，有意识地帮孩子找到自己前进的指向标，激励孩子进步。

亲子感悟

激励教育越来越被重视，它更应该成为你的教育心态、思维方式和教育信念。孩子希望得到你的重视，“被激励”便成了他们内心的渴求和需要。被激励的孩子会更加积极主动，为了孩子，请你不要吝啬你的激励，给孩子激励，为孩子的成长注入营养素！

正面强化，让孩子更优秀

你对孩子充满信心，并且在孩子所做的事情中找出一点做得好的，进行正面强化，增强孩子自信心，每天都去想孩子的优点，对孩子的优点给以由衷的赞美，孩子会越来越优秀！

沙中淘金，强化孩子的优点

进入小学之后，小松的成绩不错，可是，老师每次给他的作业批注总少不了“字迹潦草”这几个字。为此，小松也吃了不少亏，考试时，不少题目是因为字迹模糊不清导致的失分。

可我一直觉得，小松是有能力写出漂亮的字的，只是他的潜能还没被激发出来。

一次，小松在家里练字，从整张纸来看，写得很不好，可我还是在这张纸上挑出了他写得比较好的字，用红笔画上圈，对他说：“不错，你的字比以前工整多了。如果你写的每个字都像我画圈的字那么好，那你的成绩肯定会有大幅度提升的。”

这让小松信心倍增。我也发现，小松经常拿着我画了红圈的纸看，看完之后，便会很用心地写字。每次写完字，我都会圈出他写得比较好的，三个、四个、五个……越来越多。慢慢地，小松就能写出一手漂亮的字了。

你对孩子充满信心，并且在孩子所做的事情中找出一点做得好的，进行正面强化，增强孩子自信心，每天都去想孩子的优点，对孩子的优点给以由衷的赞美，孩子会越来越优秀！

强调优点比抱怨缺点更有用

一个周末的早上，我出去买菜，见楼下小张正带着孩子出门。孩子肩膀上背着个书包，这让我很奇怪，今天可是周末啊。

“今天周末，孩子还要去上学啊？”

“别提了，娣娣在家里不吃饭，听老师说，她在学校里吃得香着呢，我实在没办法让她吃饭，这才去把她送到学校。”

我看了孩子一眼，孩子正偷偷笑呢，很得意的样子。

“娣娣不喜欢吃饭啊？怎么会呢？我家小松还夸娣娣爱吃饭呢。娣娣是个乖孩子，在家吃饭肯定比在学校里还要香呢。”

我这样一说，娣娣的态度接着变了，对小张说：“妈妈，我不去学校了。”小张自然很高兴，她说：“谢谢你，李老师，你的几句话就让娣娣听话了。”

其实，我只是抓住了孩子渴望得到认可的心理，正向强化下去，孩子的问题会越来越少，教育也就更省心。

全面肯定，不揭孩子的短

一次，我去姐姐家玩，外甥女慧慧开心地和我打招呼，帮我倒水。看见懂事的慧慧，我忍不住说：“姐姐，你家慧慧真懂事。”

“是啊，每天我下班回家，她都会给我准备好拖鞋，还会帮我倒好水。”

“你真是有福气，我家小语和小松如果那么懂事就好了。”我羡慕地说。

“我可不想她做家里的保姆，如果她的成绩能上去，那我才叫有福气呢。”

见过慧慧的很多人都夸慧慧是个好孩子，可是姐姐却不知足，把她的学习成绩差当作慧慧的错误，让姐姐感到耻辱。

“是吗？看不出来慧慧学习不好啊。”当时，我竟没考虑到慧慧的感受，顺着姐姐的话说了这么一句。

没想到，慧慧大声地对我们说：“原来，我做的你们都不喜欢啊，那我以后就不做了。别人都知道我学习不好，我再怎么努力，还是改变不了别人对我的看法。”

“慧慧，你误会姨妈的意思了。姨妈的意思是你一直都很优秀，也很努力，在家里是好孩子，在学校里是好学生。上次遇见你班主任，她还说你最近进步很大呢。”我和慧慧的老师认识，却不知道慧慧的成绩不理想。

慧慧听了我的话，掩饰不住内心的喜悦，问我：“姨妈，你真的觉得我优秀吗？”

我以微笑回答了她。姐姐也似乎明白了我的意思，她说今后要多向我学习教育孩子的方法。

强化孩子的优点，孩子的优点会更突出；强化孩子的弱点，孩子的弱点会更明显。如果想让你的孩子更好地成长，那就别在孩子面前揭孩子的短，展示孩子的优点，便会带动孩子对自己的完善。

亲子感悟

孩子在表现优秀的时候，最希望得到你的认可了。如果这时，你给以孩子积极的正面肯定，孩子会真正感受到你对他的爱和关注，强化他的正面表现，他会做得更优秀。

说服教育孩子，要讲究方法

教育孩子的时候，你要以理服人，而不是以势压人。态度温和，以平等的身份和孩子交谈，孩子会觉得你既是严师，又是挚友。这样的教育，孩子才能更轻松地接受。

以理服人，不是以势压人

有时候，你可能有这样的感觉，你再怎么教育，孩子还是听不进去。如果你说得不合适，他还能揪着你的错误反驳你。

其实，并不是孩子不听你的说教，而是不喜欢你的说服方式。你总是以高高在上的姿态教育孩子，孩子自然听不进去。

一次回家的路上，我远远地就听见一个男高音在训斥一个男孩："我平时怎么教育你的？不是和你说，不能在马路上踢足球吗？你怎么就是不听呢。你把我放在眼里了吗？"

那个孩子很不在乎的样子，耷拉着脑袋，还时不时地用眼睛的余光瞟他爸爸一眼。显然，并没有把爸爸的说教当回事。

那个爸爸也发现孩子没好好听他的话，于是更加生气地用手指指着孩子的脑袋，说："我还管不了你了，是吧？从今天开始，我的话你必须听，足球我没收了，以后不许你再踢球了！"说完，拿着足球就走开了。

那个孩子傻傻地站在那里，从他身边走过的时候，我听见了一句："有那么严重吗？"是啊，我想对那个爸爸说："孩子的问题没有那么严重，你心平气和地对他讲在马路上踢球的危险，比训斥他更有效。”

教育孩子的时候，你要以理服人，而不是以势压人。态度温和，以平等的身份和孩子交谈，孩子会觉得你既是严师，又是挚友。这样的教育，孩子才能更轻松地接受。

点到为止，不说“废话”

孩子有了错误，不能听之任之，而是要找到合适的帮助孩子改正缺点和错误的方式。而一直在孩子的耳边对孩子进行说教，每次都是陈词滥调，时间长了，孩子就会听不进去，那么你做的就是无用功了。那不妨点到为止，不对孩子说废话。

小语刚进幼儿园的时候，早上起床就成了令我头痛的问题。

“小语，起床了。”我起床的时候就开始冲她的房间喊。

可是直到我做完早饭，她房间里还是没动静：“小语，再不起床，就迟到了。”

她还是没有起床，我气冲冲地一边把她从床上拉起来，一边说：“你真是磨蹭，这马上都要迟到了。”小语睁开睡眼惺忪的双眼，被我带到卫生间洗漱，然后坐在餐桌上吃饭。

小语吃饭的时候，我教育她说：“以后如果你不起床，就不给你吃饭。”她噘着小嘴看了我一眼。我更生气，继续教育她。

出门前，我还是像往常一样，检查小语的书包。她是个马大哈，经常丢三落四，这次，她竟然没把文具盒装进去。

“每次和你说话，你都是左耳朵进，右耳朵出。你看，昨天我提醒你要把文具收拾好，现在还不是一样没装进去？”

“妈妈，你别再说那么多废话了，好吗？你就休息一会儿吧。”

小语的话让我很尴尬，自己批评她懒散、丢三落四，可是她却觉得烦，那我苦口婆心的教育也没起多少作用啊。对孩子不断叮嘱、不断抱怨，将嘴巴牢牢“盯”在孩子身上，反而对孩子的教育更不好实施。

那就放下对孩子的不满，用简单的提示帮助孩子意识到自己的错误，并自觉改正。

渗入情感，代替空洞说教

现在孩子的理解水平有很大提高，对你平时那种空洞的说教根本就不感兴趣。如果你在教育孩子的时候充满感情，孩子就会和你产生情感上的共鸣，内心接受你的教育，这样才能达到较好的教育效果。

我所在的班级，一次家长会之后，我把学习成绩排在后十名的孩子和他们的家长留下了。

“这是孩子们的成绩单，你们看一下吧。”我把孩子的成绩都写在纸条上面，想让父母对孩子多一些督促。可没想到，这种方式让我看到了不同的父母在教育孩子时不一样的表现。

“你怎么考这么少？平时是不是没好好学习？！”

“每天都送你去辅导班，现在看是白花我那么多钱了！”

有的父母干脆直接开始打孩子。看见父母的脸色由白变红，由红变紫，我禁不住暗自摇头。

正当我很失望的时候，看到了让自己感动的一幕：

那是一位衣着普通的妈妈。她弯下腰，直视着孩子的眼睛，说：“孩子，你最近的努力妈妈一直看在眼里，是不是考试前没休息好啊？妈妈见你房间里的灯亮到很晚。妈妈不是告诉你了吗，只要你尽力了，无论分数多低，妈妈都不会责备你。”

那个孩子抬起一直低着的头，问：“是吗，妈妈？”

妈妈微笑地点了点头，说：“回家后妈妈帮你看看试卷，把错误的题目整理到错题集上。”

孩子凝重的表情舒缓了很多，动容地对妈妈说：“妈妈，我还以为你会像别的家长一样打骂我。我知道以后该怎么做了，不会让你失望的。”

显然，这位妈妈的教育方式更能唤起孩子内心对自己潜能的调动，也可以使孩子更清楚地知道自己的错误所在。这样的正面教育，比打骂更奏效。

充满趣味性，孩子更受益

小语3岁的时候就表现出了对画画的兴趣，对于身边的简单物件都能画得像模像样。进入培训班之后，老师先让她画简单的几何图形，在学校里，她碍于老师的权威，乖乖画了。

但是回家之后，她便开始使小性子。那天，回家后，小语就说：“妈妈，我不想去培训班了，老师教的东西太简单了。”

不可否认，培训班上的课程是枯燥的，可是老师也是有道理的，他是想让孩子的基本功更扎实。

看着没有耐心的小语，我很担心她会因为枯燥而失去对绘画的兴趣，突然间，我想到了一个好办法：把有趣的游戏加入画画中。这样，就会改变单调和枯燥了。

“小语，你看妈妈给你拿来了什么？”我手里拿着一个双层汽车给她看。

“这不就是一辆汽车吗？”小语语气平淡地说。

给汽车装上电池，它就在地上跑起来了，我接着把小语的“小熊”“小白兔”玩具拿出来，跟在小汽车后面，说：“等等我，我要上车。”这样一来，小语兴奋地加入了我的行列中来。

“你也要上车呀，小语。”

“我要坐车去给小兔子买胡萝卜。”

“那你要快点跑，赶上那辆车。”

玩了好一会儿，我对小语说：“孩子，你今天晚上就画汽车吧，把我、你、小兔子、小熊，全都画进去。

“小语，妈妈也画一幅，咱们比赛，看谁画得好。”

小语兴致勃勃地画起了画。这次，她比以往任何时候都有耐心，在趣味性中，增强了小语的耐心。

这时，我才发现加入趣味性，效果会和形式相辅相成。

给孩子说明错误行为的危害

一次，小语去她舅妈家玩，她和表妹乐闻玩得很开心。她看上了乐闻的一件玩具，从她进门到离开，一直在玩那个玩具。舅妈说送给她，可我没让小语拿，因为乐闻也很喜欢那个玩具，小语拿走了，乐闻就没法玩了。随便接受别人的礼物，这对孩子来说，也不是个好习惯。

回家后，我竟然在小语房间发现了那件玩具。乐闻现在肯定还不知道小语把她的玩具带回家了。

我不想小语这么小就做这种事情，当时很气愤，也能看出小语的紧张，显然，她也知道自己做得不对了。我还是忍住了，没有直接批评小语，而是对她说：“如果乐闻在咱家玩，把你的玩具带走了，也没有和你说，你会不会在家着急啊？”小语轻轻地点了点头。

“宝贝儿，乐闻现在肯定在找玩具，你给她打个电话吧，就说玩具在你这里，你玩几天，就给她送回去，好吗？”小语似乎很懂事地问我：“妈妈，你说乐闻会不会恨我啊？”

“不会的，宝贝儿。乐闻是你的表妹，你只是借她的玩具玩，她怎么会恨你呢？”

这样，小语才开心地给乐闻打电话，说“好”，下个周末就把玩具给乐闻，还要送乐闻一件她的新玩具。

小语毕竟是个孩子，那个时候，她的道德观还没有形成，我就不能将她的行为和“顺手牵羊”这个词联系在一起。

如果我一板一眼地批评小语，可能会有两种情况：一是小语觉得我拿别人的东西了，你也批评我了，也就没有愧疚了，明知道是错的，还会做；二是小语当时可能听话、服从了，但是她的心里可能会留下阴影，对自己产生怀疑——“我是个坏孩子吗？”

如果真的出现那样的情况，我后悔也来不及。我用换位思考的方式，通过讲道理，使小语认识到——要做一个诚实的孩子。

亲子感悟

说服孩子是门艺术，你对孩子说话的态度和方式，会奠定孩子一生的思维和行为模式基础，因此，你要掌握说服技巧，才能成为高EQ的父母。说服孩子听话时，要有耐心，不用唠叨、羞辱、指责的方式，其说服的效应就会持续孩子一生。

言传不如身教

对孩子的教育，渗透在生活的很多细节中，你的每一个举动、每一句话，都会对孩子起到教育的作用。你如果希望孩子好，那就要重视自己的身教，这样的教育才会更有说服力。

别在孩子面前撒谎

有一次，我晚上休息得晚，偏偏忘了定闹钟，第二天醒来时，还有十五分钟就到上班的时间了，就算不吃早饭也来不及了。

我给单位领导打了个电话，说自己感冒了，不能去上班了。那天，我也没有送小语和小松去幼儿园。

可没想到的是，下午有个同事回家的时候路过我家，便上楼来看望我。她来的时候，小语和小松正在屋子里跑来跑去，很吵。

“小语、小松，你们安静一会儿，你妈妈都生病了，你们这样会影响妈妈的。”同事看着吵闹的孩子说道。

我当时很紧张，害怕孩子会说我没有生病。可是，小语却说：“阿姨，我们没有影响妈妈，妈妈现在好多了。我们很听话，刚才，我给妈妈倒水，弟弟给妈妈拿药。”

“你们真是好孩子。”同事羡慕地说，“你家孩子真乖，你可真幸福。”

送走同事，我问小语：“为什么要撒谎说给我倒水拿药了？”

“妈妈，我只有说你生病了，你才不会被扣钱。不是你说的吗，如果迟到，就要扣钱；如果请病假，就不会扣钱了。”

如果当时我向小语和小松承认自己错了，之后的事情也就不会发生了。可是，我那时却夸小语替我圆谎了。

一天，我接到一个电话：“我是小松的班主任。他的病好了吗？什么时候能来上学啊？”

我愣了。小松和往常一样回家，我问他今天干什么去了，他见我已经知道事实，和我说他今天去游戏厅了。我很生气。

“妈妈，你不觉得我很聪明吗？第一次我撒谎的时候，你还夸我呢，现在怎么批评我了？”小松的话让我无言以对，嘴边想要教育他的话也只好咽回去。

孩子辨别是非的能力很弱，模仿能力很强，第一次撒谎的时候，如果得到了夸奖，就会对“撒谎”产生错误的意识，以为撒谎是正确的事情，所以就会经常撒谎。

这时，你就要审视自己的行为，真诚地向孩子道歉，敦促孩子向老师道歉，孩子以后就不会再犯这样的错误。

让孩子向你学习

平时，我经常对小语和小松说对待身边的人和事要怀有爱心，在可以帮助别人的时候，就要给予帮助。

那次，我和小语在街上走，前面有个孩子可能是刚学会走路，走得不稳，一不小心摔倒在地上，哇哇大哭起来。我还以为小语会主动上前把那个孩子扶起来，可是，我却从她的嘴里，听见了一句：“真笨。”

在孩子的妈妈赶过来的时候，我已经扶起了那个孩子，她的妈妈对我说：“谢谢。”

“小语，你刚开始学习走路的时候，还没有这个妹妹走得好呢，可是，从来没人说你走得慢。你不但不帮助她站起来，还在一旁说嘲笑的话，妈妈不希望你成为这么冷漠的孩子。”

小语也意识到了自己的错误，说：“妈妈，我要向你学习。”说着拿出口袋里的糖给那个孩子吃。孩子冲小语笑了笑，小语也开心地笑了。

后来，到了一个天桥，上面有个靠拉二胡卖艺的老人，小语停在他面前，眼里已经开始出现泪花了，这孩子，爱心来得还真快。

“妈妈，你给我5元钱吧，我给这位爷爷。回家，我用我的零花钱还你。”

临走的时候，小语还靠近那位老人说：“爷爷，你要好好生活。”这是我完全没有想到的。我问小语怎么那么热心，她对我说：“妈妈，我是跟你学的。”

你的好的、不好的行为，孩子都看在眼里，还会以此作为自己的行为标准，所以，在孩子面前，一定要注意自己可能会带给孩子的影响，从而严格要求自己。

让孩子成为什么样的人，你就要做什么样的人

邻居王凯是远近闻名的孝子。对于他的孝顺，我也是亲眼见过的。

他的岳母得了中风，落下了偏瘫的后遗症，吃喝拉撒都要靠人照顾。可是，岳母回家之后没几天，王凯老婆就要出差半个月。因为是邻居，我们两家关系也不错，王凯的老婆走之前，她拜托我多照顾一下家里。

一天晚饭后，我去了王凯家，推开门看到的一幕，让我很感动。他正在给岳母擦身子，一点也不像是女婿，更像是儿子。我要帮老人擦，他还不肯，擦完，又把岳母抱到床上，这才顾得上擦自己流下的汗。

老人说话不方便，但是连连向王凯竖起大拇指，我懂老人的意思。王凯

笑着对岳母说："这是我应该做的。"

我正想夸他，只见，王凯的儿子给他端来了一杯水，说："爸爸，你太累了，喝杯水吧。你老了，我也会像你对姥姥那样照顾你的。"

王凯很动容，眼里泛着泪花，那是一种自豪感和欣慰感吧。这是我第一次清楚地认识到身教的力量竟然如此之大，因为之前，他的儿子就知道对父母撒娇，让他有孝顺父母的想法很不容易。

回家后，我和老公说起这件事情，我们都说要做孩子的好榜样，目的不是为了等我们老了之后，让孩子好好孝顺我们，而是从中受到启发，决心从自身出发，为孩子做好的榜样。

对孩子的教育，渗透在生活的很多细节中，你的每一个举动、每一句话，都会对孩子起到教育的作用。你如果希望孩子好，那就要重视自己的身教，这样的教育才会更有说服力。

说到不如做到

一个孩子交上来的日记里，这样写道：

昨天，我在学校门口捡到一元钱，我把它放进书包，打算第二天早上交给老师。回家后，我把这件事情告诉了妈妈，妈妈说："你这个傻孩子，应当拿着捡来的钱去买棒棒糖嘛。"

于是，我就拿着捡来的钱买了两块棒棒糖。

后来有一天，我在客厅里捡到10元钱，我开心地拿着这10元钱请小伙伴吃雪糕。正当我们在楼下吃得津津有味的时候，妈妈揪住了我的耳朵，说："你怎么可以拿我的钱请别人吃东西？"

"妈妈，钱是我在客厅捡的，上次你不是让我拿捡来的钱买糖吃吗？"我不解地问妈妈。

"那不是家里的钱，你在家里还能捡到别人的钱吗？以后在学校捡到钱要交给老师，在家里捡到钱要交给我。”妈妈说这话的时候，我能清楚地感受到她心里的矛盾。

妈妈前后不一的行为，让我很迷茫。我多么希望妈妈是个言行一致的人啊！

我主动找这个孩子的妈妈了解情况，她的妈妈也意识到自己行为的不当：“当我发现孩子拿我落在家里的钱买吃的时候，我就觉得自己的教育是苍白无力的。我说得再好，做出来的却是另外一套。我以后会注意的。”

不久之后，我在日记里见到了另一个妈妈：

最近，我发现妈妈变了，她教育我该怎么做的时候，她在生活中也真的这么做了。她还说，要和我一起进步。有这样的妈妈，我很幸福。

再多的道理，在行动面前都会逊色。说得好听，不如做得到位。孩子会在你的行动中找到自己学习的方向，你在孩子心目中的地位也会更高。

亲子感悟

你在说话、做事的时候，不要忘记身边还有一双明亮的眼睛在看着你。你正面的、负面的行为都在潜移默化地影响着孩子。孩子的成长是不可逆的，一旦孩子在你那里学到了坏习惯，那就是家庭教育的失败了。“未曾正人，先要正己；未曾立言，先须立身。”这是我们应该做到的。

别和逆反的孩子较劲

向青春期的孩子妥协并不是迁就，而是一种艺术。你学会向孩子低头，孩子的头才会更低，逆反的心理才会被逆转，回归到正常的状态。

孩子的青春期很有意思

以前，在书上看到过一句话：当青春期的孩子遇上更年期的父母，天下就不太平了。那时对这句话还是有所怀疑的，可是真正开始接触青春期的孩子了，你会发现，事实或许真是这样的。

转眼间，小语和小松不断长大，我们之间就出现了“不太平”的情况，谁看谁都不顺眼，经常因一些小事闹得不愉快。

现在生活条件好了，12岁的小语就和我差不多高了。一天，她和小姑一起回家了，我见她的一个耳朵上出现了两个耳洞。

“你怎么穿耳洞了？”我生气地冲小语喊道。

她一笑，眼睛朝腿上一看，这时，我才注意到，她不知道在哪里买的牛仔裤，上面全是窟窿。天哪，我真是接受不了。现在的孩子是怎么了？

“嫂子，你就不懂了吧，这就叫时尚。我们杂志做过调查，现在社会上很多化妆品，主流消费群都是这帮孩子。”陶琳告诉我。

陶琳对时尚的理解，我不敢苟同。可是，我也承认我对孩子的教育可能跟不上社会进步和孩子成长的速度了。即便如此，我还是接受不了，一个12岁的孩子，打两个耳洞，把好好的裤子故意剪几个洞。

我和小语的矛盾也就出来了。我要求她穿过膝盖的裙子，她硬是把裙子卷起来；我让她不要上网，她却偷着和网友聊天……

还好，我及时调整了自己教育孩子的思路，试着去了解她在想什么。和她好好沟通之后，我才发现，她在想的，都是我在她这个年龄段曾经想过的，只不过有些想法，她付诸了实践。

想到这些的时候，我便开始理解小语，小语毕竟是个懂事的孩子，等我把“要把学习当成当前最重要的事”这种道理告诉她的时候，她说：“放心吧，妈妈，我知道。”这样，我就安心多了，也不再看小语这也不顺眼，那也不顺眼了。

孩子是爱你的

说个老公和小语之间的故事。

“小甜心”是老公对女儿的称呼。父女俩的关系一直不错，即使在家门外，小语也会时不时地让老公抱一下，或者把脸凑到老公的胡楂上，总是咋呼疼，却乐此不疲。

对此，老公很骄傲，总是对身边的人说：“看吧，小语是我的贴心小棉袄。”

现在，老公的“待遇”却不一样了。小语的心里话，很少对他提及，甚至老公要求抱一下她，她都会走开。

一天晚上，全家出去吃饭，过马路的时候，老公伸手想拉着小语的手，怕她有危险，可是小语却说：“爸爸，我自己会走。”说着，挣开老公的手。这让老公很尴尬。

吃饭的时候，小语也不和往常一样端坐在老公旁边，而是坐在了我身边。看得出，老公对小语突然之间的变化有些不适应，吃饭期间，心情也不好。

吃过饭，我们打车回家的时候，小语、老公和我坐在后排。当时没开灯，拐弯的时候，小语抓住了老公的手，还把头偏向了老公的肩膀。这让老公激动不已，觉得自己的小可人和自己还是很亲近的。

可是，下车之后，小语又恢复了之前的样子，对老公不冷不热的。据老公回忆，小语抓住他手的时候，他很激动。可是，她现在的表现又让他很伤心，他不知道孩子是不是还爱自己。

“孩子当然爱你，只是她现在想独立，偶尔却缺少能力。她不是在远离你，而是正在以另一种方式靠近你，那种方式就是成长吧。”

我说完这句话的时候，老公连连称是。

某天，你发现一向可人的宝贝突然和你疏远了，变成了你眼里的“小怪物”，这时候，你不要难过，因为孩子心里很爱你，这一点，你永远都不要怀疑。

妥协是一门艺术

小松12岁那年，个子蹿得很快，一年的时间，长高了十几厘米，不仅如此，他的性格也发生了变化。我知道，孩子进入青春期了。

初一上学期刚开始，小松就在同学的影响下打篮球。眼看期末考试就要到了，小松对篮球的热爱却也逐渐升温，每天放学后，都会打到很晚才回家，还不断央求我们给他买篮球。

我和老公都很担心，小松本来就不是爱学习的孩子，这样一来，学习成绩更要下滑。

一天，小松照例回家很晚，他一进门，老公就生气地责备小松：“你每天都回来这么晚，害得我们还要等你吃饭。我看你是不想考高中了？！”

“考高中和打球有什么关系啊？以后你们不要等我吃饭，我又没说让你们等我。”小松理直气壮地对我们说。

“你还有理了？！我见你的老师了，他说你上次模拟考试的名次又下降了，从明天开始，你的篮球我就给你没收了！”

“我饿了，想吃饭了，等我吃完饭你再训我吧。”小松不耐烦地说道。这让老公更生气，把小松的碗一拉，不让他吃了。

“不吃就不吃。让我吃我也不吃！”小松放下筷子就跑出门。

老公的脾气暴躁，这我知道，可是小松马上就要期末考试了，情绪稳定很重要。我坐下来好好和老公聊了聊，觉得现在的重点不是孩子打篮球，而是让孩子好好准备考试，老公也没再说什么。

我起身出去找小松，虽然老公生气不让我去找，我能明白他那是说的气话。

小松正在小区的亭子里坐着，还好没走远。我见他的时候，他正抹眼泪，看见我过来了，一把擦干眼泪。毕竟还是个孩子呀。

“小松，爸爸不是因为等你吃饭才发火，他是怕你打篮球影响了学习，现在学习是最重要的。你出门之后，想过爸爸的心情吗？”

小松的情绪渐渐稳定下来，见他稳定下来，我便要求他回家。老公见小松回家了，才放心地去睡觉。

第二天，小松放学后，见到房间内有一个自己看上好长时间的篮球，书桌上还有一张字条：爸爸昨天对你发火，是爸爸不对。这个篮球是爸爸送你的礼物，但是期末考试之后，才可以玩。

小松受到了感染，学习的劲头也高了。

后来，我想，向青春期的孩子妥协并不是迁就，而是一种艺术。你学会向孩子低头，孩子的头才会更低，逆反的心理才会被逆转，回归到正常的状态。

亲子感悟

身为父母的你，也经历过青春期，逆反是正常的心理。所以，在你的孩子出现青春期的“症状”时，不妨宽容地对待他们，做一下换位思考，和孩子保持心灵互动，使逆反的孩子不再逆反。

孩子的好坏，取决于你的心态

心理的成长不只是属于孩子，还属于你。拥有成熟心态的你，会培养出心智成熟的孩子。如果你心态不好，孩子可能会在你的潜移默化之下变得脆弱。为此，面对年幼的孩子，你要学会控制自己的心态，保持稳定的情绪。

别带着负面情绪教育孩子

一天下班后，我刚走进楼道，就听见了训斥孩子的声音：“我养你这么大，竟然养了个小偷！你给我滚……”

这是二楼的李良的妈妈在教育他。听到这里，我忍不住摇了摇头。

走到二楼的时候，我怕孩子难堪，想低头走过去，可是李良的妈妈却把我拦住了，说：“李老师，你来评评理，他偷我钱包里的钱，我教育他还有错吗？他还满不在乎的样子！”说着，就想伸手打李良。

这时，很多邻居都在一旁探着头看热闹。我再看李良，他低着头，我拉李良和他妈妈进了屋子。

“孩子还小，你要维护他的自尊，你这样在楼道里嚷，孩子今后怎么做人啊？”

“他还有自尊啊？他有自尊，还会偷拿我的钱？”李良妈妈的情绪很不稳定。

“我没有偷，我是拿的。你不在家，我就拿了。想回家告诉你的，可我还没进家门，你就开始批评我了。”李良辩解道。

“你还狡辩……”李良的妈妈说。

“你先静下心来，听孩子解释。你不给孩子解释的机会，怎么知道孩子是怎么想的啊？孩子拿了你一次钱，你却说孩子是小偷，你这样做，只会拉远孩子和你的距离，对亲子教育也是有害无益的。”

李良的妈妈冷静下来，我给了李良一个眼神，这孩子还算懂事，虽然很委屈，可还是向妈妈道了歉。

这场风波才算被制止。

任何烦恼和困难都是可以得以排解的，对孩子发火之前，请先整理好你的情绪，别带着负面情绪教育孩子。即使你再生气，在教育孩子之前，也要默念：“不能生气！”

不一样的态度，不一样的效果

小语和小松在家里写作业的时候，我经常会忍不住地急躁。一次，我回家后，见小语和小松在开心地看动画片，书包扔在沙发上，显然，他们还没有做家庭作业。

“把电视关了，去写作业！”我冲着孩子说。孩子乖乖地关了电视。

我在书房一边准备第二天上课的内容，一边监督他俩写作业。小松有些着急，作业写得很潦草，我的火气一下就上来了：“你现在知道着急了，放学那么长时间了，你为什么不先写作业？”

最初，小松没说话，低着头写作业。我以为他没听进去，接着说：“自从上学以来，写作业这个问题，我提醒你多少次了？”

“我不做了。”小松赌气地把本子推到一边。

“不行，不做完就不能去睡觉。”我开始威胁孩子。在我的威胁下，小松哭着写完了，效果可想而知。我和小松都没再说话，气氛很紧张。

第二天，我回家后，见孩子正在书房里安静地做作业，这让我的心里很安慰。小语和小松写完作业之后，还说要再看会儿课外书，这样的情况还真是少见。

很高兴，我便欣然同意，还为他们做了他们喜欢吃的糖醋排骨。那一天，家里充满了欢笑。晚上，我还兴致勃勃地给孩子讲起了故事。

经过这两件事情，我明白了一个道理：在孩子作业数量差不多的情况下，速度和质量与你的态度有很大关系，此外，家庭氛围和亲子关系也大不相同。你的心态好，孩子的一切都好！

心情不好，别把火撒在孩子身上

“妈妈，我们班上的晓燕都两天没来上学了，老师说她被爸爸用热水烫伤了。她爸爸真坏。”小语一到家，就向我说着学校里发生的事情，还很不开心的样子。

我笑着对她说：“哪有爸爸烫伤自己的女儿的？如果真有，那肯定是不小心。”

“不是，妈妈，她爸爸就是坏。那天，我还在门口见她爸爸打她呢。听别的同学说，她的爸爸妈妈总是吵架，她爸爸一不开心，就对她撒火。”

后来，我和小语的老师聊起了这件事情，老师说小语说的是真的。老师说有段时间，晓燕在学校里不说话，很沉闷，她就去晓燕家做家访。

当时，晓燕的爸爸妈妈都在家，好像刚吵完架，家里被弄得很乱。她把晓燕的情况说了之后，晓燕的爸爸什么都没有问孩子，直接给晓燕脸上一巴掌。这让老师有些傻眼，她在想，自己来家访是不是给晓燕造成了更大的压力？

“我的生意不顺心，最近总是在赔钱，原来是你这个丫头片子在咒我啊。”说着，晓燕的爸爸又抬起了手。如果不是老师阻拦，晓燕的爸爸又要打她。

老师也在这件事中发现，晓燕的情绪不好，和她的家庭环境有直接关系，而其中起关键作用的还是晓燕的爸爸。他不开心，就把这种怨气发泄在了孩子身上。

这不，这次是晓燕的爸爸妈妈吵架要离婚，晓燕哭着劝他们，可是，晓燕的爸爸在气头上，直接拿起旁边的暖壶，把水浇在了晓燕的身上。胸前的衣服和皮肤粘在一起，晓燕昏了过去，被送到医院之后，医生说是三度烫伤，要做植皮手术。

一个几岁大的孩子，却要承受如此大的痛苦，其实只要你熄火，孩子就不会遭受如此大的痛苦。所以，适当地压抑你的情绪，别让孩子的童年因为你而留下痛苦的回忆。

时刻检查你的心态

小时候，一次，爸爸出去做活，让我在家做晚饭。我欣然同意。爸爸回家后的第一句话就是：“饭做好了吗？”

记忆中，那天下午，我看一本书看得入神，忘记了时间，爸爸回家前的十分钟，我才记起爸爸要我做饭。

“没有。”我知道自己做得不对，面对爸爸时，我底气很不足。

“爸爸，我刚才看书了……”我刚想向他解释，可是一向暴躁的他不容我解释，对我说：“你就知道好吃懒做。我又当爸又当妈地照顾你，你呢，让你给做一次饭，你都不好好做。”

听见爸爸这样说，我的眼泪掉下来，可爸爸却一点也不照顾我的情绪，接着说：“如果你学习好也就罢了，每次都考不到第一；做饭也做不好，你真是没用！”

我一直没说话，爸爸的怒气才发泄完，我哭着把晚餐做好了。我知道，爸爸一个人带我，压力很大，文化水平也不高，他那样骂我，虽然我很难过，但还是可以理解他。

他几乎从来不关注教育方法，只知道辱骂我。经常生活在这样的家庭中，我已经习以为常了，但面对爸爸的教育，我还是心怀怨恨。这直接影响了我今后的心理状态，我对生活既爱又恨。

心理的成长不只是属于孩子，还属于你。拥有成熟心态的你，会培养出心智成熟的孩子。如果你心态不好，孩子可能会在你的潜移默化之下变得脆弱。为此，面对年幼的孩子，你要学会控制自己的心态，保持稳定的情绪。

亲子感悟

你总是会在不经意间用一些近乎“变态”的心态对待孩子，这是教育的一个难题。如果你也存在这样的情况，那就要提升自己的教育能力，增强心理素质，在孩子出现突发事件时找到正确的解决途径，摒弃错误的粗鲁教育。相信你的好心态会铸就优秀的孩子！

原谅孩子的无心之过

孩子不管做了什么错事，只要是无心的，出发点是好的，那他都是你的好孩子，你都应该无条件地原谅他。

闯祸也是一种成长

老公对飞机模型很感兴趣，家里的一个玻璃柜里全是他的收藏，他将它们当成自己的宝贝，闲来无事时，他就会细心擦拭他的宝贝。平时，他也不允许我们动他的宝贝。

一次，我在厨房做饭，有十分钟的时间我没注意小松，他就“闯祸”了。老公的一个飞机模型被小松从柜子里拿出来，他很感兴趣，就把模型拆开了，可是装起来就困难了。

看着老公心爱的东西被这样报废了，我不免有些着急，生气地对小松说：“这可是你爸爸的朋友送给他的，你爸爸就玩了几次，你现在把它弄坏了，看你爸爸回来怎么批评你！”

小松流露出胆怯的眼神，乖乖地坐在沙发上等着老公回家，接受老公的批评。可令我没有想到的是，从来以“暴躁”著称的老公却变得超乎寻常的冷静，他不但没有生气，反而温和地抱起小松，说：“小松，你和爸爸一起把这个飞机模型装好吧，好吗？”

就这样，老公和小松一起捣鼓起了飞机模型，还给小松讲了飞机模型的构造。一个晚上的时间，飞机模型终于恢复原貌，小松也学到了不少知识。

更有意义的是，小松在心里改变了对爸爸的看法。

“妈妈，你看，爸爸没有批评我。”小松冲我眨巴着眼睛说。

与孩子一起重新组装飞机模型，保护了小松的好奇心，又在组装的过程中教孩子看清了模型的构造，在不经意间培养了亲子感情。孩子做错事，如果受到你的批评，他也许会变得中规中矩，但也失去了孩子的创造力和动手能力。

略施小计，帮孩子改错

一次，我班上的孩子向我报告说，隔壁班的李强拿了我们班级讲桌上放的一支红色笔，那是老师批改作业的时候要用到的。

我不在乎一支红笔，可是我不想孩子养成说谎的坏习惯，于是，我去见了那个孩子。

见到那个孩子，我说：“老师听说你捡到我们班上老师用的一支红笔，是吗？”

“我没有捡到。”说完他就把头扭向了一边。

“老师不是问你要那支红笔，也没怪你。你是个男子汉，应该为自己的行为负责。”可是，我说了这样的话，他还是满不在乎的样子。

“小家伙，老师和你谈个条件吧。”我温和地说。

“条件？什么条件？”李强不解地问我。

“你把那支红笔拿出来给老师看看吧，如果是我们班的，作为班主任，我有权利送给你。”我微笑着对他说。

“是真的吗？是你说的啊，如果是你们班的，你就要送给我。”

“是的。老师说话算话。”

他拿出那支笔，不错，就是班级里的那支，那是我经常用的，所以一眼便看出来了。我开始犹豫了，虽然之前告诉他要送给他了，可这支笔很好用，我实在不舍得送给他。这时，我突然多了个主意。

“这是我们班的，老师既然已经答应你了，就会送给你的。只是，老师平时批改作业的时候要用到它，如果老师需要了，就向你借，可以吗？”

“好。”他痛快地答应了，说完把那支笔装进了自己的文具盒。

下午上课之前，他突然来到我的办公室，对我说：“老师，我很喜欢这支笔，可是我留着也没有用，我都是用蓝色的笔。我还给你吧。”他把那支笔放在我的办公桌上。

孩子拿走别人的东西，是情有可原的，或许，他对事物的归属权不清楚。

我很欣慰，认识到自己早上的教育是成功的，既让他感受到了老师的真诚，又帮助他看清了自己的错误，相信他之后拿别人的东西都会事先打个招呼。

有些错误要原谅孩子

这是一个我在电视上看到的镜头，给我的启发却很大。

四川地震的时候，当战士们想将一具遗体下葬的时候，人群中突然冲出来一个十多岁的孩子，她哭着跑向那具尸体。生离死别的时刻，总是让人那么动容。可是情况特殊，没给那个孩子留更多和亲人告别的时间。

一个战士见状，便拦住了小女孩，眼看着遗体就要被埋入土中，那个女孩见战士拦得死死的，张口就在战士胳膊上咬了一口。

女孩情绪失控，可是被咬的战士好像可以理解孩子的痛苦，尽管一排牙印在胳膊上，还是纹丝不动地拦住孩子。女孩没办法，只好掏出身上的一枚胸针，朝战士的胳膊刺去。一时间，鲜红的血染遍了战士的手臂。

但是那个战士就像什么事情都没有发生一样，拦着女孩。后来，还是在周围人的劝说之下，小女孩才止住哭泣，向后退去。

之后，很多人都在责备这个女孩，说她失去了理智，对战士也不公道，战士是为她好，她却伤害战士。

可是，我却持有不同的看法。这个孩子是天真的，只是为了见一面失去的亲人，她心里的痛不亚于战士手臂上的痛。

所以，原谅孩子的无心之过吧，不管你怎么批评，未来的社会是属于这群孩子的。给他们少一些责备，他们的精神会更健康，我们的未来也会更好。

原谅，不代表包庇

小语的成绩一直不错，几乎每次开家长会，我都会作为家长代表讲话。所以，在我的意识里，小语每次成绩都应该是很优异的。她也没让我失望，小测验，经常在八十分以上。

“小语真是我的好女儿，看她的聪明劲，就随我。”拿到小语的成绩单之后，我会不自觉地向老公炫耀，觉得女儿是我的杰作。

一次，小语回家后，拿出她的数学试卷，上面赫然写着“89”。我一看很高兴，那段时间，小语刚接触应用题，按照她的理解力，考那个分数已经不错了。那天晚上，我还给她做了她喜欢吃的菜当作奖励。

第二天，我遇见她的老师，向她说起了这件事情，老师很纳闷地问我：“你看见她的试卷了？是‘89’分吗？她明明是考了‘69’分啊。”

那一刻，我很难堪，小语欺骗了我，让我在老师面前没有面子，我决定回家之后好好和小语谈谈。

我开门见山地对小语说：“小语，你是不是向妈妈撒谎了？”

小语支支吾吾地说：“没有。”

“妈妈知道你是怕妈妈失望，所以才撒谎，所以妈妈会原谅你。但是你要认识到你的这种行为很不好，妈妈很生气。妈妈希望你取得好成绩，但是不希望你用这样的方式来赢得妈妈的欢心。”

小语向我承认了错误，还主动要求我减少她这个月的零花钱。看着知错的小语，教育她的目的就达到了。

孩子不管做了什么错事，只要是无心的，出发点是好的，那他都是你的好孩子，你都应该无条件地原谅他。

亲子感悟

绝大多数孩子犯错都是无心的，但是很多时候，你看到的只是结果，而没有注重事情的经过。不分青红皂白地批评孩子，或将自己的坏情绪迁怒于孩子，这样的做法只会使孩子和你更加抵触。原谅孩子的无心之过，孩子才会心悦诚服地接受你的批评，在这个过程中，你也许会发现孩子的另一种潜能。

引导孩子爱学习，让孩子受益一生

只要孩子在学习的过程中品尝到了某种乐趣，才会把这种乐趣延伸为自己的内在感知，对学习始终充满热情，学习自然也就不再是难题。

让孩子爱上学习并不难

小语不是那种天生很聪明，几岁就能识很多字的孩子。可是，在她上幼儿园大班的时候，她竟然自己拿着一本书有模有样地给我读起来。

我拿着一本刚给她讲过几遍的故事书，让她给我读一读，她却笑了。“看吧，你不会读了吧。不过，妈妈还是要夸奖你，你读得真好。”

可能是体会到了读书的乐趣，自那次之后，她就吵着要我给她多买书。通过这样的阅读，小语认识的字逐渐多了起来，这是一种良性循环。在识字的时候，她也爱上了阅读，这也是她的作文多次在学校、市里获奖的基础吧。

在教小语识字的过程中，我意识到一个问题，给她讲故事比教她识字简单得多。对于孩子来说，你对她说“太阳从东边升起来了”和“红彤彤的太阳缓缓地从东边升起来了”，其实是一样的。

所以，在给她读故事的时候，我没有避讳艰涩的词句，而是声情并茂地给她读。一遍遍读的时候，我的手指指着上面的字，她跟着我念，后来，便可以把我给她读过的书上的字认清了。

慢慢地，她不再缠着我给她讲故事。记得一次，小语跟个小大人似的给小松讲故事，边指着书边说：“暖和的春天来了，池塘里的冰融化了……”

“姐姐，你真棒，能认识那么多字，如果我也能认识那么多字，该有多好啊！”小松用崇拜的语气对小语说。

只有我知道，小语现在会读的只是把我读给她的背下来了。至于她的手指吧，估计连她自己都不知道所念的和所指的是不是同一个字，而是在简单地模仿我。可是，这足够让我欣慰了。

在这个过程中，小语也开始意识到了读书的好处，除了在其他小朋友面前多了几分炫耀的资本外，更重要的是，她爱上了故事，爱上了阅读，爱上了写作。

只有孩子在学习的过程中品尝到了某种乐趣，才会把这种乐趣延伸为自己的内在感知，对学习始终充满热情，学习自然也就不再是难题。

先给孩子做学习的榜样

小学的时候，我班上有个同学，他的家庭条件很差，父母都没文化，靠给别人做苦工给孩子挣学费。他却很争气，每次考试，成绩总是排在班里前三名。老师和同学都很喜欢他。

一次考试后，他又考了班里第一，老师让他为同学们做演讲，介绍一下学习的经验。通过他的演讲，我们才知道，他学习好，原来和他的爸爸妈妈有很大关系。

“我的爸爸妈妈虽然只是小学毕业，可是他们却一直为自己‘充电’。他们把别人看过的报纸拿回家，遇到不认识的字就会问我，如果我也不认识，我们就一起查字典。他们每天都在坚持着这个习惯，不管回到家之后多累，都会看报。”

他有些激动地继续说道：“虽然这是件小事，可我却从中很受鼓舞，我觉得学习是件幸福的事情，对学习的兴趣也增加了，成绩自然也就上来了。”

他的演讲引起了全体同学的敬佩。小小的我，回家之后就向爸爸讲了这件事情，所幸的是，爸爸也认同同学父母的做法。

后来，那个孩子在父母的潜移默化之中，顺利考入了理想的大学。直到考上大学，他父母的学习习惯也没有改变，尽管家庭条件差，可是他的父母还是省吃俭用地给他买了很多书。

知识的润泽，让我的那位同学得到了无尽的养分。现在他已经成了文坛中不可多得的人才，并且一直勤勤恳恳、踏踏实实。

对孩子的教育无处不在，它虽然隐藏在生活的某些小细节中，却可以对孩子起到举足轻重的作用。家是孩子学习的第一场所，你如果爱学习，孩子也会在你的影响下爱上学习。

给孩子快乐的学习环境

在孩子就要进入幼儿园之前，我和老公就在孩子入园的问题上讨论了很长时间，大伤脑筋，总想让她进一所声誉好，并且可以得到快乐的幼儿园。

听说小区内的幼儿园不错，我们就把小语送进去了。第一天去的时候，小语很开心。可是没过两天，我们送她到门口的时候，她就哭着不进去，大费周折才能把她送进去。

有十天左右，到上幼儿园的时间，小语却连家门都不出。我想冲她发火，可一想，应该先问问孩子理由。

“小语，你不去上幼儿园可以，但是你要告诉妈妈，你为什么不想去啊？你不是很喜欢和小朋友交朋友吗？”

“妈妈，里面有大孩子，总是欺负我，不让我玩玩具。”

“你可以对你的老师说啊，老师会批评他的。”

“我说了，可是老师却说‘你等会儿玩不行吗’。妈妈，我不想去了。”

我摸着孩子的头，心里对那位老师很不满意。她应该找到更好地处理孩子之间问题的方法，至少可以不让任何一个孩子觉得受了委屈。

你也许会说，我对孩子太溺爱了。其实不然，我已经很多次教育小语要懂得谦让，这次，她这样对我说，肯定也是忍不了了。

第二天，我去幼儿园和老师沟通，老师却说：“幼儿园里那么多小朋友，我又不是保姆，不可能时时不让你的孩子受委屈啊。”我理解她，但是我不认可她的态度，没办法，“转园”两个字出现在我的头脑中。

孩子玩不好，怎么会有好的心情学习呢？我仔细考察了一所幼儿园，把小语送去了那里。孩子在那里一周后，就给了我一个惊喜。

“小语，你怎么起床了？还不到起床时间呢？”我看着早早起床的小语说。

“我要去上幼儿园，我喜欢和小朋友玩，我也喜欢听老师讲故事、唱歌、跳舞。”

小语不但对上幼儿园这件事情很在意，还乐在其中。这更让我觉得自己帮孩子转园是正确的选择。

看着小语能在自己喜欢的环境中快乐地成长、学习，我想，对她来说那就是最好的选择。

孩子学习不好，也不要放弃他

有段时间很奇怪，我回到家的时候，小松就说已经写完作业了。我要求给他检查，他却说已经让姐姐检查过了，我就信以为真了。

后来，小语对我说：“妈妈，我不想再骗你了。最近几次作业，都是我替小松做的。上次，他的试卷也是我帮你签的字。”

“你为什么不早点告诉我？”我问小语。

“还不是怕你生气啊。小松也想告诉你，他最近的学习很不好，可不想惹你生气，就没说。”小语向我解释道。

有时候，孩子就是这样，你想对他生气，可想想他的初衷，便觉得没有什么是不可原谅的。我找小松好好地谈了谈。

“小松，最近的学习是不是遇到困难了？”

见我说话的语气很和蔼，小松对我说：“妈妈，上次数学考试我没考及格。你可知道，我的数学一直不错，老师竟然在全班同学面前说我无可救药了。”

同时，小松抬头问我：“妈妈，是不是就是说我的数学以后不会好了啊？我看到老师一边摇头，一边叹气，就知道什么意思了。”

“不是的，孩子，老师是在用另一种方式激励你呢，他是想激发你的积极性。再说，妈妈一直没有放弃你，妈妈相信经过你的努力，数学成绩会上去的。”

小松听了我的话，好像倍感欣慰，他对我说：“原来老师是那样想的啊。我知道了，妈妈，我会好好学习数学的。”

对待学习不好的孩子，永远都不要说放弃。孩子存在的问题你可以教给孩子如何改正，而不应该把责任推给孩子或他人，那样，长大后的孩子会是你终身的遗憾。

亲子感悟

“能把马带到河边，但是不能保证马会喝水。”这句话在家庭教育中同样是适用的。孩子在学习的过程中，可能会遇到多种困难，从而导致对学习的兴趣降低。从你自身出发，找到连接孩子学习和情感的突破口，就会激发孩子学习的主动性。

第三章

正向教育，创造愉悦的亲子关系

和孩子沟通，重在效果

通过实际行动，我让孩子明白了一个做人做事的道理，这比苦口婆心的说教，效果更好。有了更好的沟通，你便能更深刻地理解孩子，更好地开展家庭教育。

和孩子沟通，应把握好时机

一个朋友给我打电话，说："芷怡，上次见面，你不是让我多和我女儿沟通吗，可是，我今天和她沟通了，却毫无效果。"言语间，似乎对我之前跟她说的话充满了怀疑。

我问她是怎么和女儿沟通的。

"最近老公出差，家里就剩下我和女儿。昨天工作中正好有些不顺心的地方，晚上我就想和女儿说说，可没想到，我一对女儿说单位的事情，她就说，'妈妈，你今天没事吧，和我说这些干吗？我又不关心'。

"说着，她递给我一张试卷，是她的英语试卷，还说，'你不就是想问我的成绩吗？给你。何必绕这么大的弯呀？以后有话，你就直说'。芷怡，都说女儿是妈妈的小棉袄，我怎么感觉不到呢？"

听到这里，我觉得有些好笑。记得上次见她的时候，已经是半年之前了。

"你是不是突然和孩子沟通了？"

"是。如果不是老公不在家，我肯定不会和女儿说心里话的。"

“看，这就是问题所在。你和孩子沟通的目的本来就不明确，把孩子作为你的替补沟通对象，孩子已经习惯了你不和她沟通，你突然和她沟通，她肯定会不适应。孩子不接受你和她的沟通之后，你就应该向她解释一下，你就是想和她说话，而不是为了询问她的成绩。”

“你说得有道理，”朋友在那边说着，“看来，我要经常和她沟通，还要找好切入点。”

“是的，你这样想就对了。”

后来，我见到她们母女俩，和谐的关系都让我羡慕。“多亏了你，芷怡，不然我和她能不能交流还是个问题呢。”

我微笑，看到一脸幸福的她，我觉得对我的教育影响也很大，我和我的孩子之间也应该保持这样的关系。

借助非语言手段沟通效果好

一次，邻居家的孩子在我家玩，我夸了她一句，小语就噘着嘴看我。接下来，我拿零食给那个孩子吃，小语竟然把零食从那个孩子手里抢了下来。

我用严肃的眼神瞪了小语一眼，可是她根本就不把我的暗示放在心上，还一副盛气凌人的样子，这让我很不满意。

我觉得孩子偶尔有这样的感觉也可以理解，只要这种情结不严重就行。

可接连几天，我都发现小语是个很小气的孩子。早上，我给她做了两个煎鸡蛋，当时，小松还没起床。小松起床之后，想吃一个，可小语却把盘子揽在自己胸前，不让小松碰。

婆婆给孩子送来好吃的，小语肯定第一个冲上去，先把自己喜欢的挑出来，剩下的给小松。等我们问她的时候，她就说：“我闻着太香了，就跑过去吃了。我不是也给弟弟剩下了些吗？”

本来想和小语讲道理，可是觉得她还小，和她讲道理，沟通效果也不一定明显，于是，我和老公便约定好：

周末，小语和小朋友在楼下玩，我提前做好了午饭，没有等小语回家，我、老公、小松就把小语很喜欢吃的土豆炖排骨中的排骨给吃光了，只剩下些土豆。

饥肠辘辘的小语回家后，见到餐桌上的菜，嘟着小嘴说："妈妈，你不是说做土豆炖排骨吗，怎么只有土豆啊？"

"实在是太香了，我们就忍不住都吃光了。"我和老公、小松按照事先约定好的说法对小语说。

"你们……"小语急得跺着脚，话都说不完整。

"我们可是跟你学的。"自知理亏，小语也不再说话，安静地吃土豆和米饭了。

吃完饭，她慢腾腾地走到我面前，说："妈妈，我现在知道，我以前把好吃的都吃了，是不对的。以后有好吃的，我和你们一起吃。"我适时地抱了一下她，说："小语懂事了。"

"保证更懂事。"不知道这个古灵精怪的孩子在哪里学来的，一句话把我逗乐了。

通过实际行动，我让孩子明白了一个做人做事的道理，这比苦口婆心的说教，效果更好。有了更好的沟通，你便能更深刻地理解孩子，更好地开展家庭教育。

借助游戏和孩子沟通

有了小语之后，很长一段时间，我和老公都无法适应有孩子的生活，小语的很多问题都让我们头痛。婆婆照顾她的时候，我们有好几周都是在单位加会儿班再回家。

这样一来，我和老公也发现了个问题：

“小语，来，妈妈抱抱。”

“不，我不要妈妈抱，我要奶奶抱。”说着朝婆婆跑了过去。

这是一天晚上家里发生的一幕。我的心一下子就变得很凉。

第二天，我就早早回家，和小语玩起了游戏。

“二比一，我赢了！”小语开心地喊了出来，这是我和小语在打乒乓球。家里没有乒乓球台，我就和她把餐桌上的东西拿开做乒乓球台。和她玩得很开心，特别是我故意让着她，让她赢了之后。

“妈妈，你再和我玩会儿吧。”小语央求我说。

“好，妈妈和你玩飞镖，但是有个条件，谁输了谁就讲今天发生的开心的和不开心的事，好吗？”

“好，谁怕谁。”小语装模作样地对我说，对我的挑战做出了回应。

小语还真是厉害，也可能是我的视力没有她的好，我很难赢她。第一个飞镖，她7环，我6环。

接下来是第二个飞镖，她8环，我7环。

第三个回合，她的飞镖竟然飞出了靶外。小语看了一眼就捂上了眼睛。

“小语，你现在是15环，我是13环，这次我的飞镖射中2环总是没问题的吧？我赢定你了。”还没开始射飞镖，我就冲小语吹嘘了起来，漫不经心地把飞镖射了出去。

“啪”的一声，我的飞镖竟也偏离了本来的方向，落在了地上。

小语却在一边高兴地鼓起掌，说：“妈妈，你输了，你输了。”

输给孩子，确实让我觉得很没面子，可是我转念一想，我的目的是和孩子沟通，现在孩子心情很好，正是和她交流的好时机。

“好，那妈妈就把今天开心的和不开心的事情告诉你。妈妈今天和你在一起玩，很开心。和你在一起玩，妈妈都不记得有什么不开心的事了。”我刮了下小语的鼻子，对她说，“以后妈妈经常陪你玩，好吗？”

“好好好，我也喜欢和妈妈一起玩。下次叫上爸爸和奶奶，我们一起玩。”小语一边鼓掌一边说。

这次我输了，下次不一定输；下次如果小语输了，她就会对我敞开心扉了，沟通的目的也就达到了。

对于年幼的孩子来说，游戏是你走进他们的世界与其沟通的桥梁。在游戏中，你要让孩子成为主角，孩子想玩什么游戏，最好尊重他的意见。这是很有技巧的沟通方式。

变换话题，增加沟通趣味性

自从在电视上看了《蜘蛛侠》之后，小松就迷上了蜘蛛侠。电视、漫画书，他把奥特曼作为自己的偶像，每次在电视上看见奥特曼在空中飞来飞去救人，就会拉全家人一起看。

老公实在看不下去的时候，就对着小松大喊：“整天看奥特曼，不是告诉你了吗，那都是假的。”他的脾气暴躁，小松很害怕他。

老公批评他的时候，他向我投来求助的眼神。我在他眼里，就像是救兵。虽然我知道该尊重孩子的模仿权利，可是，我也很担心，万一哪天他走在街上，学习奥特曼一样拦车，那问题就严重了。

“小松，你知道奥特曼是怎么产生的吗？”

“我在电视上看了，是他突然具备某种能量了。”

“他的特异功能不是突然具备的，而是导演赋予他的。你想知道现实中和奥特曼差不多的是什么吗？”

小松疑惑地问我：“还有和奥特曼一样厉害的啊？”

“有。”我以肯定的语气对小松说，然后把早就准备好的机器人资料拿给他看，还对他讲机器人的无所不能，甚至比他的偶像奥特曼还要神通广大。

小松对此兴趣很浓，我趁机告诉他：“要想深入研究机器人，必须学好文化课，懂得多了，才能更清楚地了解自己的偶像。”

和小松的交流顺畅了，他也不再觉得我的说教是在唠叨了。看着从奥特曼中“脱离”出来的小松，我觉得教育真是要讲究技巧的。

亲子感悟

和孩子沟通的时候，要重视效果。孩子更需要的是和你正常的思想和情感的交流。虽然你可以凭借你的权威，要求孩子听从你的教育，偶尔或短时可能会奏效，但是达不到长期效果，尤其是对于青春期的孩子。

从孩子的角度看孩子

你主动蹲下来，站在孩子的视角看世界，理解和宽容孩子的行为，你和孩子的心就会靠近，足以缩短你们之间岁月的距离。

理解孩子的世界

一次，我和老公带小语和小松去爬山。那是两个孩子第一次去爬山。在快到山的路上，两个孩子在前面有说有笑地走着，我和老公在后面一边聊天一边讨论孩子的事情。

小松把嘴凑到小语的耳朵上。

“这两个孩子，不知道要捣什么鬼呢。”老公的话音刚落，就见两个孩子一齐趴在地上，手撑在地上，膝盖贴着地面，一步步往前爬。

那是一段土路，孩子们恰巧穿着白色的运动服，如果这样“爬行”，估计一会儿就脏兮兮的了。

“你们两个想做什么，马上起来，好好走路！”我在后面喊道。

可是小松回头向我吐了吐舌头，根本没听进去我的话，还是趴在地上往前走。我和老公跑上前去，把他们从地上拉起来，帮他们拍打干净了身上的土，当然也少不了责备。

“妈妈，你不是说来爬山吗？”

“是啊。”

“我们就是在爬呀，你和爸爸怎么不爬啊？”

我和老公听见小松的疑问，忍不住哈哈大笑。原来，他们那样做，只是想和“爬”这个字对应起来。小语和小松感到我们的笑莫名其妙，甚至觉得我和老公“不爬”是不对的。

想一想，回答孩子的问题还真是不容易，爬过很多次山，却没有想过为什么用“爬”，而不用别的动词。老公向孩子们解释说：“以前的时候，有很多比较陡峭的山，需要人四肢着地往上爬。”我也对老公的解释表示赞成。

“哦，这样啊。”小语和小松理解了。可是，我能看得出，孩子没有刚来时候的兴奋了。

事后，我也进行了反思：孩子趴在地上往前走，说不定是他们的乐趣。我只是站在父母的角度出发，觉得孩子趴在地上会弄脏衣服，殊不知，我的这个小理由就把他们童年的乐趣扼杀了。

遇到类似的情况，我都不再武断，而是鼓励孩子先说出自己的想法。如果有道理，我就会赞同孩子先去做，事后给他再讲清道理。

蹲下来和孩子交流

蹲下来，只是一个简单的动作，在孩子眼里，却体现了你对他的尊重和理解。蹲下来和孩子说话，你的视线和孩子保持同样的高度，那是对孩子最贴心的爱。

小语开始学习走路的时候，看着她蹒跚的脚步，不由得让我觉得她就是一只粉嫩的雏鸡被乖乖地放在我的手心里。想到这里，我总是忍不住蹲下去，看着小语清澈的眼睛。如果那时，小语和我对视，再发出一些孩子才会有的喃喃细语，我的心里就会划过一股暖流。

随着小语年龄的增加，她的很多行为让我很生气：下班后，经常发现家里的遥控器被她摔坏了，我心爱的玻璃杯被她打碎了。这时候，我忘记了小语刚开始学习走路时我的欣喜，嘴里说出的话更多的是对小语的苛责和批评。

一个周末，我的肚子突然疼得厉害，我只好蹲下身子捂着肚子。这时，小语来到我的身边，我看见了她的两条小腿，她拍着我的肩膀说："妈妈，是不是很难受啊？"

我倏地意识到，我有好久都没有蹲下来和小语说话了。如果我身体没有不舒服，我还会蹲下来理解孩子的世界吗？如果我不蹲下来，还会想到蹲下来对待小语吗？

所以，在之后的日子里，我都主动地蹲下来和小语交流，与她的眼睛保持在同一水平线上，我的眼前也变得丰富起来。

孩子的世界和你的世界，隔了多年岁月的距离，这些距离不是可以瞬间抹去的，对于年幼的孩子更不可能。你主动蹲下来，站在孩子的视角看世界，理解和宽容孩子的行为，你和孩子的心就会靠近，缩短你们之间岁月的距离。

高期望=高忧患

一次，我来到办公室就发现办公桌上放着一封信。我拆开看：

老师：

您好！

昨天开完家长会之后，我就知道回家后我就会挨批评。果真，回家后，妈妈的脸拉得好长，她问我："你的数学考了多少分？老师说你的成绩不理想。"

"85分。我这次已经比上次考试考得高了。"我向妈妈解释道。

"85分你就觉得满意了？你总是这么不懂事，我对你严格要求，还不是希望你能考上重点中学啊？你看你班同学莉莉，她的成绩总是很稳定，不像你似的，一次高一次低。谁知道升学考试的时候，你的成绩是高还是低啊？”

这让我很痛苦。做饭的时候，妈妈还是说个没完。我就索性出门，去了楼下的晓雯家。当时，她爸爸正帮她看试卷呢。

张叔叔对我说：“晓雯真是不错，比上次进步多了，比上次多考了3分。我早就和晓雯说过了，她很有潜力。我相信她下次考试，还会进步的。”

我看了一眼晓雯，她不好意思地低下了头，但她应该很开心得到爸爸的鼓励。

如果我的妈妈也这样对我，我该多么幸福啊！

老师，我给你写这封信，不是想说我妈妈有多么不好，只是觉得她是在打击我。她不看重我的学习过程，就知道看结果。老师，你不是给我们说过，过程比结果更重要吗？

看到学生的这封信，我的心情很沉重，我主动和她的家长取得联系，以父母的身份和她的家长进行了沟通，还好，最后达成一致的观点：不以成年人的眼光看待孩子的成长，让孩子以自己的速度成长、进步，孩子也许会超乎你的想象，取得更大的进步。

亲子感悟

教育孩子的时候，不能总是站在父母的立场上对待孩子，要学会在生活的点滴中理解孩子。在处理孩子问题的时候，把孩子的感受考虑进去，孩子就更容易接纳你。对孩子提出期望和要求时，也要考虑孩子的实际，真正把孩子当作他们成长的主角。

转变对话方式，让孩子说出来

孩子的年龄有所不同，所以在和他们对话的时候，要选择合适的说话方式，问一些简单具体的问题，给孩子提供思考的方式和路线，孩子会逐渐变得爱说话。

引导孩子敢说话

孩子不爱说话，大部分的责任在于家长。也许，你一直恪守着固有的教育理念：长幼分明、父为子纲。在这样的家庭教育模式下，时间长了，孩子就会对你产生排斥，慢慢地闭上和你交流的心门，自然不会和爱说话扯上关系了。

小松说话比较晚，语言表达能力也不强，平时食欲也不好，我便利用生活中的小细节引导他爱说话。

一天，他回家后，我问他："今天在学校里过得开心吗？"

"开心。"小松回答我，便不再和我说话，低头找自己的玩具。

"那你为什么开心啊？"我试着问他。

他抬起头，咧着嘴说："中午的汤很好喝。"

"你们每天喝的汤还不一样吗？怎么今天觉得好喝了？"

小松还是笑。

"汤是甜的还是咸的啊？"

"是甜的。"本以为他会告诉我那个汤里面有什么东西，可是他又紧闭上了嘴。

“那汤里有什么和平时不一样的东西啊，怎么会让你觉得好喝啊？”

“一种硬硬的东西，那个东西还有点甜。”小松这样说道。我的心里便猜到了那是什么。

“是不是这个东西？”我拿来了家里的图册，指着上面的“枣”问小松。

“是，就是这个东西。”

在我的引导下，小松说：“妈妈，我记起来了，我们喝的是红豆汤，里面有枣。”

通过引导孩子说话，我知道他爱喝这种汤，便经常给他做。他不说，我是无从知道的。

孩子的年龄有所不同，所以在和他们对话的时候，要选择合适的说话方式，问一些简单具体的问题，给孩子提供思考的方式和路线，孩子会逐渐变得爱说话。

打造“说话俱乐部”

我是个很喜欢听故事的人，记得小时候，经常和小伙伴一起围坐在大树下面，听一位老爷爷给我们讲故事。每每讲到精彩或是有悬念的地方，我们总是会伸长脖子，用心听，生怕会听不到关键的情节，比在学校里上课还要专心。

听完之后，我们还会举着自己的手问各种问题，那种温馨的场面让我记忆犹新。孩子会说话之后，我就想把我的家打造成“说话俱乐部”。

一个周六的晚上，小语看着电视上主持人主持节目，忍不住拿起家里音箱上的话筒，学着主持人的腔调，开始主持。看到小语对主持这么感兴趣，我便有了个主意。

第二天一早，我就和孩子们玩起了“我是主持人”的游戏。小语在一张白纸上画了一个漂亮的话筒，然后贴在一面墙上。老公和小松则负责摆上一张桌子、一把椅子，尽量模仿电视上主持人所在的环境。

小语拿出自己准备的主持稿，说是主持稿，其实就是报纸上的一则新闻报道。

“你把自己想象成电视上的主持人。”在我的提示下，小语开始声情并茂地主持。主持完，我、老公和小松做起了现场评委，指出她的优点和不足。

然后是小松开始主持，接下来是我和老公。

这个游戏成了周末我们家的必修课。

全家人聚在一起，分享感觉和经验，其乐融融。孩子的语言表达和沟通能力得到了很大提高，想象力也得到了适当发挥。我们家，俨然成了一个“说话俱乐部”。

蹲下来和孩子说话

班上有个孩子和别人打架了，把另一个孩子的头给砸得出血了。幸好，那个孩子没有什么大碍，在校医院包扎后已经回家了。

“你为什么要打他？”我质问这个孩子。

他只是瞪大双眼看着我，不说话。看着倔强的他，我很生气，不满意他的沉默，于是，打电话通知他的妈妈，让他妈妈来学校领人。

当他妈妈到的时候，我看得出她很生气，嘴唇都有些发紫，可是，等她走到孩子面前的时候，她的举动却让我很吃惊。

我把情况跟她说了之后，她没有冲动地打骂孩子，而是蹲在坐在台阶上的孩子旁边，对他说：“孩子，怎么了？能和妈妈说说是怎么回事吗？”

孩子抬头看了一眼妈妈，说：“老师刚才不是和你说了吗？”他终于开口，可要知道，我问了他将近一个小时，他就是只字不说。

“不是我故意打他的，他说我爸爸以前是个小偷，我不让他说，可他不听，我就打了他。我的手也受伤了。”

她摸了一下孩子的肩膀，什么也没说，牵着孩子的手，和我说再见，然后回家。

第二天，我看见孩子在日记里写道：

回家的路上，我一直觉得妈妈会打骂我，不打骂，至少也会批评我。可是没有，我想到的情景都没有发生。

回家后，妈妈首先是给我的手消了一下毒，贴上创可贴，并且还为我做了我最喜欢吃的饭菜。

我吃完饭的时候，妈妈才开始坐在我旁边，耐心地对我说："你老师打电话的时候，我在去学校的路上很担心，也很生气。可是我知道你打同学的原因之后，就原谅了你。可是，你可以和他好好讲道理，不一定要用这种粗暴的方式。"

听着听着，我的眼泪就出来了，我对妈妈说："我错了，以后再也不闯祸了。"我抬头看妈妈，发现妈妈也笑了。

这件事情对我的启发很大。你只有和孩子站在同一水平线上，孩子才会感受到平等，这样，你和孩子之间的沟通和交流才更顺畅。

反思孩子是否喜欢你的说话方式

参加一个教育咨询会的时候，一位专家的一句话让我反思了很久，他说："孩子出问题的责任主要是在你，想要改变孩子，你首先要做的是改变自己。而改变自己，要从改变和孩子的说话方式着手。"

这让我想起我曾经布置过的一篇写作，题目是《写给妈妈的一封信》。作文收上来之后，我看到了这样一篇：

亲爱的妈妈：

您好！

经过在学校的学习和老师的教育，我知道您从十月怀胎，到生我、教育我，一直很辛苦。谢谢您！

我知道，您对我的期望很高，所以在家里，除了关心我的学习，别的您都不太关注。每次我和您聊学习之外的事情，您除了指责我，就是训斥我。

您为我好，我明白。我知道您是希望我考上理想的学校，我也在努力，最近几次成绩不理想，您批评我，我什么话也不说，这让您更生气。其实，我不想说话，和您对我的说话方式是有关系的。我不喜欢您的说话方式。

我希望您可以理解我，平心静气地和我说话，不然我的成绩还会受到影响。我新买了一个日记本，把它放在我的书桌上，期望您每天翻开，看一下我想对您说的话。您如果有什么话，也可以写在上面。我相信这种交流方式让人更容易接受。

您的女儿　笑笑

在这封信中，不难看出，笑笑是个懂事的孩子，只是她妈妈和她说话的方式激起了她心中的不满。为什么孩子难以接受你的苦口婆心，你就该想一下，应该用什么说话方式才能起到教育孩子的作用。

孩子渴望得到你的信赖。批评孩子的时候，要先考虑孩子的感受，以孩子可以接受的说话方式和孩子交流。

亲子感悟

对孩子说话时，你的语言内容和对话方式都是极为重要的。以正确的说话方式送给孩子最恰当的语言，是对孩子最大的爱。掌握和孩子说话的艺术，才会分享更多孩子的快乐。

优化你们的家庭语言

语言，是家庭教育的一部分，你用什么样的语言对孩子施教，就会在孩子身上产生什么样的效果。如果你真的爱孩子，就应该学会使用最有利于孩子成长的语言。

用语言架起亲子桥

我上小学的时候，班上有位叫黄岩的同学，她的爸爸妈妈感情不好。爸爸每次喝酒之后都会打她的妈妈，妈妈忍受不了，就离家出走了，一走就是好几年，几年间毫无音信。

黄岩把妈妈离家出走的事情当成自己的秘密，不希望爸爸提起，也不希望外人知道。可是，爸爸心情不好，或是喝酒之后，就会对着她大声嚷道："你真惹人嫌，连你妈妈都不要你了。"她知道爸爸是心里不平衡，所以在他说那些话的时候，她多半是不在意的。

后来有一次，他来我们学校开家长会，开完会，他走过去对老师说："老师，我是黄岩的爸爸。我家孩子情况特殊，她的妈妈在她小时候就离家出走了，她是在单亲家庭长大的，您平时多照顾一下她。"

这是我们第一次知道黄岩的家庭情况。

"爸爸，你别再说了。"黄岩觉得爸爸将自己的隐私公布于众，让她很没面子。她着急地拽了拽爸爸的衣角。

"没妈的孩子真是难管，身上一大堆毛病。"他竟然看着黄岩，又说出这样的话。

黄岩接着跑出了教室。她的爸爸还不知道孩子出现什么问题了。

那时，我的年龄还小，还无法理解那种情况。当我有足够的理解能力之后，觉得父母在向孩子施加语言暴力的时候，并不知道对孩子已经造成了伤害。而这种伤害，对孩子来说，可能是不可平复的。

给孩子一个可以健康成长的语言环境，是你的责任。为了这个责任，你要记得时刻优化你们的家庭语言环境，使语言成为一座沟通亲子关系的桥梁。

找到适合的语言风格

一次，我带着小语去朋友家做客，她家有个和小语同岁的孩子囡囡。开始吃饭的时候，囡囡把桌前的碗推来推去，不想吃。

朋友催促着囡囡："你看你小语姐姐，她吃得多快呀，你也快点吃。"

"妈妈，如果我有两个嘴巴就好了，为什么只有一个嘴巴呢？"囡囡噘着小嘴问妈妈。

"囡囡，你真聪明，知道两个嘴巴比一个嘴巴吃东西吃得快。可是，人生来就是有一个嘴巴，没法选择。你如果有两个嘴巴，那你就不能在地球上住了。"朋友饶有兴趣地说着。

囡囡咯咯地笑出来，然后埋头吃饭，不再有任何小情绪。

吃过饭，我和朋友交流工作上的事情，然后说到明天要早起上班。没想到，被小囡囡听见"上班"两个字了。

"妈妈，为什么要上班啊？你如果在家陪我就好了。"

"妈妈喜欢在单位工作，工作了就会取得成绩，就像你去幼儿园读书一样，表现好了还能得到大红花。将来你毕业走上社会，也会喜欢上工作的，并且还会比妈妈做得更好。"

朋友用一种善解人意的说话方式和孩子交流，没有摆出一副不让孩子说话、不理孩子的架势，在轻松的交谈中，使囡囡对于“工作”有了最初的概念。

在这样的家庭中，孩子喜欢发问，因为他们知道自己的问题不会得到父母的斥责，也不会被忽视。聪明的父母，会将其视为了解孩子、启发孩子思维的有效方式。

这是我在教育孩子的过程中应该学习的。

选择最佳的家庭语言

你总是对孩子“爱之深，责之切”，希望孩子可以有礼貌、爱学习、品德高尚……孩子一旦有地方做得不好，你就对他指责、批评：“你为什么不……”“你必须……”诸如此类的语气用多了，孩子就难免会产生逆反心理。

小语的语文成绩一直不错，尤其是写作，有一次被学校选为代表参加市里青少年作文大赛。这是件让人开心的事情，可是小语却一直愁云不展。

特别是在那次她的作文交给老师评阅，老师只给她打了85分之后，她的情绪就更低落了。

“小语，你的成绩已经不错了，你为什么还不开心？”

“老师和同学们都在看着我呢，我要是拿不到名次，该有多丢人啊!”

老公觉得小语的心理压力过大，这样下去，不仅对她的比赛有影响，还可能会对她的身心不利。

“孩子，如果你不把比赛当成一件重要的任务，而是把它当成一次尝试，是不是就不会这么紧张？你可以听听你喜欢的歌，画你喜欢的画，这样，你是不是会轻松一些呢？最重要的，你要相信自己的实力，相信经过之前的准备，肯定没问题。”

老公用委婉的建议使小语放下了心里沉重的包袱。小语在考场上淋漓尽致地发挥，在比赛中获得了第三名的好成绩。

语言，是家庭教育的一部分，你用什么样的语言对孩子施教，就会在孩子身上产生什么样的效果。如果你真的爱孩子，就应该学会使用最有利于孩子成长的语言。

重视非语言沟通

每到周末，我都会带着小语和小松去小区的游乐场玩。休息的时候，孩子们就会聚在一起聊天，我也会偶尔听到他们之间的交流。

那次，一个孩子说：“我爸爸做生意赚了不少钱，家里换了大房子，还给我买了大书桌、漂亮的文具，对我的生活也是照顾得无微不至。可是，我并不开心，总是觉得爸爸在用严厉的目光盯着我，妈妈尖叫的责骂声一直回响在我耳边。我真是不想在我家里生活。”

说完，这个孩子还装模作样地叹了口气，俨然一副大人“苦大仇深”的样子。

另一个孩子说：“我在学校里很活泼，和同学有说有笑，可是回到家，我就变成了木头人，什么都不敢说，什么都不敢做。”

“为什么啊？”几个孩子一齐问他。

“只要我做得不对，说得不对，爸爸就会阴沉着脸，对我拳打脚踢。一进家门，我就想起他的大巴掌和他凶狠的眼神，哪还敢说话呀。”那个孩子解释道。

我庆幸，自己和老公对待孩子的方式和他们不同，至少不会引起小语和小松的抵触。

在家庭中，对孩子真正造成负面影响的不一定是打骂，往往是一些无声的语言。很多时候，你的目光、语调、动作给孩子带来的都是难以言传的伤害。所以，重视非语言沟通！

亲子感悟

在日常生活中，语言是你对孩子进行教育的主要方式和手段，但是不恰当的语言只会摧残孩子的身心；正确的家庭语言，必须具备美好的情感，既能传递你对孩子的期望，又能促进孩子的身心健康成长。因此，你应该充分重视家庭语言中的情感因素，努力发挥其积极作用，优化家庭语言，提高教育的效果。

试试和你的孩子做朋友

人和人之间的关系，最自然和合理的莫过于朋友。要想打入孩子的圈子，做孩子的朋友，你也可以试着使用孩子习惯用的词语，这样做效果会很好。

增加和孩子的亲密度

我清楚地记得，有人问5岁的小语："小语，谁是你的好朋友啊？"

"爸爸、妈妈、幼儿园小朋友、老师……"

这让问她这个问题的人不解地问道："你的爸爸、妈妈、老师怎么是你的朋友啊？朋友是和你年龄差不多的。"

"叔叔，你说得不对。我妈妈说过，她是我最好的朋友。"

"是的，妈妈是你的朋友。"听我这样说，那位朋友恍然大悟地点了点头。

不错，想和孩子保持较好的关系，就要和孩子做朋友。和孩子做朋友，他出现问题，才会主动和你说，你也就能有针对性地帮助孩子解决困惑。

小语进入幼儿园之后，我就开始自己的一项计划，那就是每天晚上在她睡觉之前，听她对我讲在幼儿园里发生的事情，以及她学到的东西，然后我再给她讲故事。

在这样的交流中，小语和我的关系很密切，她的快乐和不快乐也都有了宣泄的机会，直到现在，她还会时不时地凑到我的耳边说："妈妈，我和你说一件事。”

而我，自然会饶有兴趣地让她说下去。时间长了，我和小语之间就好像有某种默契了，现在，我和小语之间的交谈已经成了习惯，她和我有说不完的话，我们就像是无话不谈的朋友。这是我所期望的。

打入孩子的圈子

一次，老公穿了一条牛仔裤，可能是放在洗衣机里洗的时候没注意，后面的裤腿破了一个小洞，我和老公都没注意。

“爸爸，你可真潮。”

“不潮啊，今天的衣服，你妈妈从阳台上刚收回来的，干得很，一点儿也不潮。”老公说着便埋头吃起了早饭。

没想到，小语和小松哈哈大笑。小松更夸张，直接捂着肚子蹲在地上笑。

我和老公面面相觑，想着，肯定是“潮”这个字有问题，因为快到上班时间了，我们都没搭理孩子，吃完饭就各自去上班了。

刚到单位，老公就给我打电话说：“潮是时髦的意思，是年轻人的语言。”原来，他问了一个前去他商店买篮球的孩子，那个孩子说：“叔叔，这您就不懂了吧？”给老公解释的时候，那个孩子也是忍俊不禁。

“看来，我们都要学习一下孩子的语言了。”老公感慨道。我微笑着认可他的观点。

“小松，听说周杰伦出了一张新专辑，你听了吗？”老公问他。

小松很吃惊地看着老公。

“我还知道你是他的粉丝。”老公接着说。

小松跑着来到老公面前，崇拜地说：“爸爸，你还知道周杰伦啊，还知道‘粉丝’？”

老公得意地点点头。小松立即很佩服地说：“爸爸，你是不是也喜欢周杰伦啊？我们到房间好好聊聊吧。”说完，拖着老公就去了他房间。这在以前可不多见，小松通常会说：你懂什么？而现在，新鲜事，总要对老公说说。

这就是和孩子做朋友的好处吧。人和人之间的关系，最自然和合理的莫过于朋友。要想打入孩子的圈子，做孩子的朋友，你也可以试着使用孩子习惯用的词语，这样做效果会很好。

和孩子保持朋友式互动

一个周末，小语的几个伙伴来家里玩。我给他们准备了好玩的玩具和一些零食，几个孩子玩得不亦乐乎。

小语说渴了，我便给孩子们拿出一次性纸杯，给每个孩子都倒了杯水，挨个儿递到他们手中。他们都乐滋滋地接过纸杯，咕咚咕咚地喝下去，听见水在孩子们嗓子里的声音，我感觉很开心。

可是还有一杯水没有送出去，我一看，名叫岩岩的孩子正拿着积木在角落里玩呢。

“岩岩，来，喝杯水。”我温和地招呼她过来喝水。

她倒也听话地过来了，我把水杯递给她的时候，她没接好，水洒出了一些，她“哇”的一声就哭起来了。

“没关系的，孩子。”我摸着她的头对她说。

她抹着眼泪看着我，似乎想确定一下是不是没关系。我微笑地看着她，她这才破涕而笑。后来，我才知道，她的妈妈对她很凶，如果是同样的情况，她的妈妈早就打她了。

我主动抱了抱她，然后邀请她到其他孩子中间，和别的孩子一起做游戏。

她似乎感受到了我对她的诚意，一会儿的工夫，就和别的孩子打成一片，还时不时地冲我笑。之后一次，我在路上遇到这个女孩的妈妈，她说："我家孩子一到周末就吵着要去你家玩。"也难怪孩子会这样说，因为她在我家享受到的是"朋友"的"礼遇"。

慢慢走进孩子的心灵，实现和他们的心灵互动，孩子就会得到鼓励，从而自觉改掉自身存在的缺点和不足。

和孩子分享喜怒哀乐

有一个妈妈患了绝症，自知活不了多少日子了。她担心8岁的儿子无法接受这个事实，于是和丈夫决定瞒着孩子，宁愿自己承受巨大的心理压力。每天的她，都生活在阴霾中。

最终，她鼓起勇气，决定将这件事情告诉孩子，让他做好心理准备，直面这个残酷的事实。她鼓足勇气，对儿子说："儿子，我要告诉你一件事……"

没想到妈妈刚说了这句话，儿子就抱着妈妈说："妈妈，我不想你这么快死掉。但是你放心，你走后我仍会好好生活下去。"母子俩抱头痛哭。

她的儿子还拿出了一个黑色的小盒子，里面有一张纸条："妈妈，我爱你。"孩子对妈妈说，这是他要放在妈妈灵柩里的礼物。妈妈激动地搂着孩子说："孩子，你已经是男子汉了，妈妈也爱你。"

原来，儿子早就知道了妈妈的病情，但是妈妈一直不说，他也不敢多问。知道这件事情之后，他还抱怨妈妈怎么不早点告诉他，那样，他就会多做些有意义的事情，让妈妈在最后的日子里过得更开心。

做孩子可信赖的人

我10岁那年，不知道什么原因，一个冬天的晚上，我尿床了，褥子湿了，爸爸知道后，立即大发雷霆："你这么大了，还尿床，真的丢人。"

我自知做错了，也就没再解释，心里很羞愧。爸爸拿出去晾晒，正好有个邻居在下面的横杆上晾衣服，她见爸爸抱着褥子，上面还有一摊水渍，便问："是不是芷怡尿床了？"

听见她的询问，我真想捂住自己的耳朵，那时，我的自尊心已经很强烈了，让别人知道自己这么大还尿床，毕竟是不光彩的事情。

可爸爸却说："不是，我早上还没起床就觉得渴了，没拿好水杯，水洒在褥子上了。"

这还是刚才那个冲我发火的爸爸吗？我的兴奋提到了嗓子眼儿，也就是在那一刻，我觉得我的爸爸不再是那个脾气暴躁的人，而是我的朋友——知道维护我自尊的朋友。

那件事情一直影响我到现在。我几乎从来不在外人面前揭孩子的短，有问题关起门来解决，孩子会更信赖你，他也会安心地把他的问题说给你，这时你给孩子"出谋划策"，可以帮助孩子更好地成长。

亲子感悟

和孩子做朋友的过程可能是艰难的，可这个过程也是充满幸福感和成就感的。在生活中，你要提醒自己：他是我的孩子，我是他的父母；同时，他也是我的朋友。试试吧，你把孩子当成你的朋友，孩子也会把你当成他的朋友。

别让孩子的爱“戛然而止”

你爱孩子，是天性使然，但是一旦你的爱成为自然，孩子就会习以为常，逐渐失去表达爱的机会，不懂得关心他人。让孩子懂得爱、体味爱、付出爱，其实也是在教孩子学会爱！

给孩子付出爱的机会

“宝贝，把水杯放下，太热了。”“孩子，你去学习吧，妈妈来打扫卫生。”诸如此类的话，可能会经常出现在你家里。

殊不知，孩子看你下班后没来得及喝口水就去准备饭，心疼你，所以给你端了杯水；孩子看你整理房间辛苦，想帮你打扫；他们只是想表达对你的爱，而你却不给他们这个机会。

你也许会喊冤：“我只是不想他因此耽误学习。”那么，你是不是想孩子长大后成为冷漠的人呢？其实事实就是如此。孩子总是得不到向你表达爱的机会，久而久之，就会懒于付出或是不屑付出，这对他的成长是极为不利的。

一次小语过生日，全家人围坐在一起给她唱生日歌，吃蛋糕……

一会儿，老公对小语说：“小语，你知道吗，在今天这个日子，你应该谢谢你妈妈。当年生你的时候，医生要求剖腹产，可你妈妈听说顺产对你好，所以坚持顺产。你妈妈可没少吃苦。周岁之前，你身体很弱，经常生病，下着大雨，你妈妈带你去医院……”

老公说到这里的时候，小语端着刚才给自己切下的那块大的蛋糕，来到我面前，说：“妈妈，这块大蛋糕给你吃，你才是今天的主角呢。”10岁的小语如此懂事，我心里比吃了蛋糕还要甜。

现在很多父母都在抱怨自己的孩子自私，只会心疼自己，不知道体恤你，有时候并不是孩子不爱你，而是你不给孩子爱你的机会。在生活中给孩子制造一些爱你的机会，你在体验到孩子的爱的同时，也能学会心中有爱！

教孩子体味爱

孩子的心被爱占据过，才会领会到爱的力量有多么伟大。

在电视上看到过一则报道：一个孩子的妈妈在市场买完菜回家，走在距离自己家不远的马路上，抬头时突然看到3岁的儿子正趴在自己家阳台的栏杆上。自己的房子在三层，从楼下跑到楼上还需要几分钟，更何况还隔着一条马路。

她的心猝然悬在嗓子眼儿，在她看见儿子的同时，儿子也惊喜地发现了她，向她扑来——儿子一脚踩空，跌了下来。

在那一瞬间，谁也不会想到，她像一阵旋风，在人们眼前呼啸而过，绕过所有的障碍物，穿过一条十几米宽的马路，向她儿子坠落的地方冲过去。

当人们缓过神来的时候，发现她正跌坐在地上，3岁的儿子在她的怀里哇哇大哭。

儿子安然无恙，她却脸色惨白。

我第一次给小语和小松讲这个故事的时候，小语和小松听完之后，竟然抹起了眼泪。

“妈妈，那个小朋友的妈妈怎么跑那么快？”

“她心里想的全是孩子，她如果不跑那么快，孩子就会掉在地上，那孩子就会死。”

“妈妈，孩子的妈妈最后死了吗？”

我轻轻地点了点头。

“她真伟大。”孩子们异口同声地说道。我能感觉到孩子们已经体会到了她对她孩子的爱，相信他们也不会对我给他们的爱和教育感到怀疑。

果然，第二天一下班，小语就给我拿来拖鞋，小松把我按在沙发上帮我做起了按摩。

你爱孩子，是天性使然，但是一旦你的爱成为自然，孩子就会习以为常，逐渐失去表达爱的机会，不懂得关心他人。让孩子懂得爱、体味爱、付出爱，其实也是在教孩子学会爱！

让孩子学会感恩

让孩子学会感恩需要一个过程，孩子最初可能是拒绝、逃避，或者犹豫，可是你坚持不懈地严格要求孩子，孩子就会变得主动，直至成为他的习惯。

一个同事，她的女儿4岁左右的时候，她就很认真地请孩子给她帮忙，如：拿报纸，递拖鞋……她的女儿问她：“妈妈，你是大人，怎么还要我帮忙啊？”便不想给她帮忙。

“你是个很棒的孩子，妈妈真的需要你的帮忙。你去帮妈妈拿根香蕉吧。”

孩子拿来之后，她也会向孩子表达真诚的谢意，孩子就会开心地笑。看得出，在教孩子付出的时候，她获得了成就感，体会到了快乐。

后来一次，她下班回家后，手和脸冻得冰凉，她把手放在孩子的脖子里想暖和一下，可是孩子却推开她的手，说“妈妈，好凉”。

那时，她的心里比身体还要冷。但是她对孩子说："妈妈上班挣钱就可以给你买你喜欢的布娃娃，你说你应该给妈妈暖手吗？"

4岁的女儿竟然听懂了她的话，伸出热乎乎的小手，捂在她脸上，她很感动。那个冬天，4岁的女儿把帮她焐脸焐手当成了自己每天必须做的事情。

孩子的心灵是纯洁的，在他还没有完全具备独立的思想意识之前，你对他进行什么样的教育，他就会拥有什么样的习惯。如果你认为你的孩子还不懂得感恩，不懂得爱你，那就给他讲清道理，让他学会感恩。

让孩子爱你，而不是顺从

小语和小松最喜欢跟我逛商场了，因为他们可以得到自己想要的玩具。只要孩子的要求不过分，我一般都会满足他们。可是这样一来，问题也出现了，买的东西很多，我一个人拿不了，孩子小，我也不想让他们帮忙。

这次，我和朋友带着孩子们一起去逛商场，满载而归的时候，小松突然说："妈妈，我来帮你拿个包吧。"我说，太重了，还是我自己拿吧。

"妈妈，我是男子汉，你提那么多，我多心疼啊。"小松就像是个大人一样说话，不容分说地把我手上的一个包拿过去了。

"都知道疼爱妈妈了，真不错。"朋友夸奖小松。

"来，给妈妈提着这个包。"她用不屑的语气对着自己的孩子说。

"我不提。"她儿子噘着小嘴说道。

她很生气地说："你必须提着。"

她的儿子闷闷不乐地接过她手上的包。她笑着对我说："你看，我儿子也爱我。"

我无语。她的儿子不是爱她，而是顺从她，为了避免她的斥责，他被迫爱她。其实她完全可以对儿子说："妈妈知道你懂事，知道心疼妈妈，现在妈妈遇到困难了，你能帮妈妈一下吗？”就算孩子心里不乐意，至少他会懂得他的行为是在爱妈妈。

欣然接受孩子的爱

有一次，我在家里打扫卫生，小语非要帮我擦窗户，我没有同意，让她去画画，因为老师布置作业的时候，我就在旁边，知道老师要求她画两幅画。小语一幅画都还没画呢，我可不想她因为帮我擦窗户，明天去学校挨批评。

小语也没再说什么，乖乖回去画画了。当然，这只是我所想的小语回屋后的活动。当我去她的房间看她的时候，我的气就来了，她哪是在画画，她正乐滋滋地玩她的游戏呢。

“小语，我是让你画画的，你怎么玩起游戏了呢？”我的气不打一处来，“早知道就让你打扫卫生了。”

我也不是一定要求小语帮我做家务，可是她的行为确实让我有点伤心。

可是转念一想，我怎么能够怪小语呢，是我不让她帮我忙的，她也许正是因为想给我帮忙，我不让，她才会故意玩游戏呢。

从那次之后，我不再只是想着让小语将更多的时间用在学习和画画上，而是，让她付出她的爱。我和老公经常夸小语懂事，在家门之外，小语也变得热情多了。

亲子感悟

别轻易拒绝孩子对你的爱，你拒绝孩子的爱，孩子会觉得你不需要，长大后会变得自私贪婪；给孩子爱，接受来自他们的爱，不因你的理由，让他们的爱戛然而止。给孩子爱的机会，他会体验到被人需要的满足感，也就会成为一个高情商的人，在学校、社会会更受欢迎。

做个倾听者，把话语权给孩子

在家庭中，要善于听孩子的弦外之音，才能更好地理解孩子的想法，也会在孩子的倾诉中明白孩子的喜怒哀乐，把握孩子的情况，帮孩子解除困惑。

孩子和你说话时，你要有所反应

一个下午，我去接小松放学回家。车胎气不足，我只好推着车子走。当时太阳还很大，气温很高、很热，我心情不是很好。

“妈妈，今天老师夸我了！”

“哦。”

“老师还批评晓燕了。”

“哦。”

“妈妈，你怎么不问问我，我为什么受到表扬，晓燕挨批评啊？”

我还是没有反应。后来想起来，我觉得自己当时的做法也不对，小松本来想和我好好交流的，可是却没得到他想要的响应。

“妈妈，我今天晚上做作业没有本子了，要买个本子。”

“你刚才怎么不说，那家文具店就有，现在还要回去买。”我不耐烦甚至有些生气地对小松说。

“好好好，不买了。”小松跳下车子，冲我说道，然后头也不回地走回家了。

回家之后，我对老公说："现在的孩子怎么那么不听话呢，一点儿也不考虑大人的感受。"

"妈妈，你怎么不考虑我的感受呢？你不高兴可以冲我发脾气，可是，我如果不高兴该怎么办啊？"

小松的话使我的心情很长时间也平静不下来。原来，我粗鲁和冷漠的态度已经对孩子造成了伤害。

从那之后，我就注意，孩子在和自己说话的时候，给孩子多一份耐心和理解，学会倾听，唯有如此，才能真正走进孩子的心里，消除孩子和你的隔膜。

尊重孩子的感受

一天下午，同事告诉我，我班上有个孩子在班级里说不喜欢我，甚至说不想再上我的课，这让我有些尴尬。同事说的那个孩子，是班上的"刺猬头"。

上午的时候，我刚在班级里批评了他字迹潦草，下午他就开始在走廊里说恨我了，真是个有个性的孩子。

我把他叫到办公室，问他："老师上午批评你是有原因的，你怎么可以因为这件事情就恨我呢？"

他生气地跺着脚，说："我就是恨你。"他说这句话的时候，几个老师上前教育他："你是怎么和老师说话呢……"我拦住了那几个老师，想听他继续说下去。

"我平时上课说话，别的老师不管我，就你老管我，让我在全班同学面前出丑。"

"我尊重你的感受，但是老师想问你一个问题，好吗？"他没说话，我继续说，"你的语文成绩差吗？"

“反正不好。”他很不屑回答我的问题，明显带着情绪。

“正是因为不好，你才会恨老师吧？你是想以恨老师作为你不好好学语文的借口吧？”他张大嘴巴听我说话。

“你可以恨老师，但前提是你的语文要学得很棒，那样你恨我，别人才会承认你的感觉。你如果真想气老师，那就好好学语文，好吗？”

那个孩子很吃惊地问我：“老师，你不生气吗？”

我摇摇头，他便离开了我的办公室。

别的老师说：“李老师，你可真能忍，还能允许他有情绪！如果是我的学生，我直接就叫家长了。”

我笑笑，心想：叫家长，就会解决孩子的问题吗？给他充分发泄自己情绪的空间，平静地给他讲道理，而不是简单地制止他说话，会更有教育成效。

之后，我再也没听到那个孩子说恨我，不仅他的字迹比以前工整了，语文成绩也真的有所提高了。

听懂孩子的弦外之音

在家庭中，要善于听孩子的弦外之音，才能更好地理解孩子的想法，也会在孩子的倾诉中明白孩子的喜怒哀乐，把握孩子的情况，帮孩子解除困惑。

“妈妈，今天体育课上，我的鞋子有些大，跑步的时候，感觉鞋子很不合脚，所以跑得不快。上次体育课上，我可是跑了第一名呢。”一回家，小松就开始对我说。

我当时忙着做饭，没顾得上听他说话。

小松就自己回房间了，可是我也没注意到他的变化。吃饭的时候，我忽地想起小松回家之后想和我说话了，于是问他刚才说什么了。他低头扒拉着米饭，不抬头看我，我给他夹菜，他也不抬头看我。

“老师和同学都看不起我，回到家里，你们也看不起我。”吃完饭，小松突然冒出了这句话。我心里一笑，这个小鬼，肯定是在埋怨我不关心他了。

收拾完餐桌，我来到小松房间，对他说：“妈妈刚才其实已经听到你的话了，只是想留给你自己思考的时间，怎么样，现在想通了吗？”

小松问：“你刚才在听我说话啊？”

“嗯，是啊。我一直在听呢，只是没听清，可我知道你情绪有些沮丧。”

小松觉得得到了我的理解，把在学校发生的事情重新讲了一遍。

“没关系的，下次体育课上，你穿双合脚的运动鞋，妈妈相信你会跑得很快的。”

我的话虽然简短，却让小松得到了莫大安慰，他重重地点了点头，安心地做作业、休息了。

亲子感悟

亲子关系的密切要靠倾听维系，作为称职的父母，就要学会倾听，领会孩子的思想意图，真正理解孩子在想什么，然后用你的体贴去化解孩子的烦恼。唯有如此，你才会赢得孩子的尊重和友谊。

教孩子学会正确表达

多问孩子几个“为什么”，让孩子把话说完。如果你不听孩子把话说完，孩子的一生都可能会葬送在你手上。

提供让孩子说话的机会

同事小刘家的女儿珍珍很内向，平时不爱说话，进了幼儿园之后，不爱说话的习惯还是没有改变。

一天，珍珍放学后，小刘问：“珍珍，今天在学校高兴吗？”孩子刚进入学校，在学校有没有吵闹，是父母最担心的。

“高兴。”

“你们老师今天教你们什么了？”

“我也不知道。”她兀自拿着手中的玩具，声音很小。这样可不行，小刘没有放弃让孩子说话的机会，继续问道：“王老师有没有教你们唱歌啊？”小刘觉得这样把问题具体化，珍珍会乐意说话。

“没有。”

“有没有教你们跳舞？”

“也没有。”

“那你告诉妈妈，王老师教你什么了？”

“教我念了一首诗。”

“是吗，那你要不要念给妈妈听呢？”

“我念不好，不念。”珍珍咬着嘴唇说道。或许是她没好好学，还念不下来。

“没关系的，如果妈妈也会那首儿歌，我们就一起念。”

在小刘的鼓励下，珍珍开始念了起来：“登鹳雀——楼　王之涣——白日依山尽，黄河入海流……”小刘用口型提醒珍珍。

“嗯，珍珍真棒，比妈妈念得还好。”

我的表扬给了珍珍很大鼓励，她说：“妈妈，我再给你念一首吧。”

小刘非常高兴地答应着，她知道自己用对了方法。

和孩子交谈，合适的时机和话题都很重要，但是也要讲究说话技巧，用恰当的方法引起孩子说话的兴趣，多用提问的方式给孩子提供说话的机会。

孩子的意思，教他们完整表达

有这样一个故事。

一天，美国著名主持人林克莱特问一名小朋友：“你长大了想做什么啊？”

小朋友天真地回答：“我要当飞机驾驶员！”

林克莱特接着问：“如果有一天，你的飞机飞到太平洋上空，所有引擎都熄火了，你会怎么办？”

小朋友想了想说：“我先让飞机上的人绑好安全带，然后我挂上我的降落伞，先跳下去。”

当现场的观众笑得东倒西歪时，林克莱特继续注视着这孩子，没想到，孩子的两行热泪夺眶而出，这才使林克莱特发觉这孩子的悲悯之情远非笔墨所能形容。

林克莱特问他：“为什么要这么做？”小孩子的回答透露出一个孩子的真挚想法：“我要去拿燃料，我还要回来！我还要回来！”

这个主持人的与众不同之处，在于他能够在现场的观众笑得东倒西歪时，仍保持着倾听者应该具有的一分亲切、一分平和、一分耐心。让孩子把话说完，让林克莱特听到这名小朋友最善良、最纯真、最清澈的心语。

孩子有自己的想法，在你没听完孩子的话的时候，你不要以大人的意志来评断孩子。多问孩子几个“为什么”，让孩子把话说完。如果你不听孩子把话说完，孩子的一生都可能会葬送在你手上。

孩子的情绪，让他们正确表达

现在，孩子面临着来自各方面的压力，这些压力可能会对孩子的身心造成不良影响。身为父母，你要告诉孩子：允许你有情绪，但是要找到正确表达和宣泄的方式。

小语的数学成绩一直不好，还有几个月就要中考了，为此，她压力很大，我也能感觉到。最近，她连“爸爸妈妈”都懒得叫，回家就往自己屋子里钻，吃饭的时候出来露个脸，吃完饭接着又回自己的房间。

但是她还对我们意见很大，吃饭的时候，经常会抱怨我们不关心她。我们哪是不关心她，是不敢关心，也不知道怎么关心。

后来我一问，才知道情况没有这么简单。一天小语放学后，老公正好在家看电视，她说：“我数学考了80分。”老公心不在焉地说了句：“考得真少。”其实，是老公太不了解小语的数学学习情况了，80分，已经算是有不小的进步了。

这让小语很郁闷，那天也奇怪，她突然发烧，捂着被子还觉得冷。可老公一直在客厅看电视，没搭理她，后来还是婆婆来了之后，发现小语发烧的。

从那次之后，小语就和婆婆走得很近，很多心里话都和婆婆说，她心里也就开始恨我和老公了。

为此，我和老公制订了一个计划，每天抽出十分钟的时间和小语交流，让她说出自己想说的话，尤其是她心里不开心的事情，尽量引导她表达出来。

没过多长时间，小语就能把心里话和学习上的事情和我们交流了。后来，小语还和我们道歉，说："爸爸妈妈，前段时间是我不好，心里烦躁，不知道怎么表达，你们别怪我啊。"

我和老公相视而笑。

培养孩子自信表达的能力

在我上小学的时候，我很喜欢唱歌，不仅是班上的音乐课代表，还是学校小合唱团的团长。如果不是因为后来的一件事情，说不定唱歌会成为我终身的爱好，可是，这个小小的梦想被爸爸扼杀在摇篮中了。

那是我在三年级的一次歌唱比赛，因为家长坐在台下观看，所以我过度紧张，站在台上的我把想好的开场白给忘了，面红耳赤地沉默了快一分钟，才记起。现在想起来，我还觉得当时很"狼狈"。

下台后，爸爸来到我身边，说："你真给我丢脸，早知道你表现得这么差，我就不来这里丢人了。"

"你看看你们隔壁班的领唱，表现得好，他爸爸多风光啊。你呢？害怕、紧张。放学后不许在外面玩了，马上回家。"说完，爸爸就气呼呼地走了。

挨了爸爸的训斥，我的心情很沮丧，觉得自己一点面子也没有。本来就有压力，所以感到自卑，爸爸不但没有鼓励我，反而更加打击我的自信。

爸爸的态度，让我对唱歌失去了兴趣，认为自己不管怎么努力，在唱歌方面也是不会有成绩的。特别是爸爸拿我和隔壁班的领唱比较，让我更加不自信。从此，我不再当合唱团的团长，在家里也不喜欢和爸爸说话。

所以现在，教育孩子的时候，我不会轻易地去批评和挖苦孩子，而是经常寻找机会给孩子增加自信，让孩子自信地表达自己。

亲子感悟

幼儿园年纪比较小的孩子在学校尿了裤子，问其原因是不知道怎么和老师说，这是事实。所以，在生活中，你就要锻炼孩子的语言表达能力，让孩子学会正确表达自己的意愿、思想和情感，这是孩子获得别人理解的基本方式。

庆祝孩子的成功，别犹豫

在家庭教育中，夸奖比批评和强迫的效果要好很多。对于孩子的每一点细微的进步、每一个小小的闪光点，都要加以关注，及时给孩子庆祝，从而激发孩子的成就感和自信，孩子会在你的激励中不断成长。

及时赞扬孩子的进步

有段时间，我因为小松的坏习惯头痛不已。不知道从什么时候起，小松刷牙后经常忘记把牙刷放在漱口杯里。每次刷完牙，他总是会顺手把牙刷丢在水池旁边，很不卫生。

最让我气愤的是，每次我批评他的时候，他总是一副满不在乎的表情，心不在焉地说：“知道了。”

一天，小松刷完牙后，正想顺手把牙刷往水池上放，突然想起妈妈对他说的话，于是他把牙刷放进了漱口杯里，还特意把水杯重新摆了摆。

我想看看是小松的一时兴起，还是意识到了之前的行为不对，所以假装没看见，想看他第二天早上的表现。

第二天早上，小松还是和往常一样，把牙刷放在了水池边上。我看见后，生气地说：“小松，你的坏习惯怎么总是改不了？我都给你说过多少次了，你怎么还是把牙刷放外面？”

“我以为你把这个规矩给忘记了呢。”小松说。

见我疑惑地望着他，小松说：“昨天晚上我把牙刷放在杯子里了，可是你却什么都没说。”

我这才明白小松的行为。这使我认识到，对孩子的好行为，就要及时给予重视和嘉奖，因为你发现并赞美孩子的正面行为，可以从正面激发孩子的良好行为，你会发现，孩子越来越接近你希望的样子。

给孩子掌声要“知时节”

一位老师曾做过这样一个试验：在不同时间对两个班级的考试做出相同的评价。

他对一个班级的同学说：“这次期末考试，你们班的成绩不错，下学期要继续努力啊。”而另一个班级，他是在下学期开始的时候才对他们说：“上学期你们的考试成绩不错，这个学期，你们要努力啊。”

一个学期过后，在考试结束后受到表扬班级的成绩有了明显提高，而第二个班级的成绩也有提高，但是提高得很有限。

探究其原因，是因为第一个班级及时受到了表扬，在第二个学期里，学生才会信心十足，取得进步。而第二个班级受到表扬时，中间已经过了一个假期，他们心中的热情早就消失殆尽了，因而当老师再鼓励他们的时候，他们的成绩也没有明显提高。

虽然这个试验是以牺牲学生的“进步”为前提做的，却说明了这样一个道理：及时给孩子掌声，才会激发他们的潜能，使他们继续保持高涨的学习劲头，取得更好的成绩。

如果过段时间给孩子激励和掌声，那时，孩子心中的热情已经被大大削弱，掌声也就失去了作用。

生活中不乏这样的父母：担心及时的掌声会滋生孩子的骄傲情绪，所以孩子有了成就之后，他们会故作冷淡，即使给孩子掌声，也是要等到孩子的兴奋度降低了之后。这其实是对孩子的伤害，使孩子体会不到成功的喜悦感，也就难以激起自己的斗志了。

鼓励孩子的每次进步

一次，朋友来家里做客。我在厨房准备饭，老公在客厅里陪朋友说话，做菜的时候，我发现没葱了，就让老公去储藏室拿。当时老公可能正和朋友讨论一件事情，所以把这个任务交给了小语。

小语的胆子有点小，可是在我的要求下，她还是去了。

等会儿，小语上来的时候，一只手拿着葱，另一只手拿着香菜："爸爸，我不知道哪个是葱，就把下面这两样都拿上来了。"

"你真乖，宝贝。以前你都不敢自己去储藏室，现在在不知道需要哪个的时候，把两个都拿来，爸爸真为你骄傲。"

小语不好意思地说："爸爸，这没有什么。以后有什么东西需要拿的，我就去拿。"说完，小语还撸了下自己的袖子，以示自己能干。

朋友说："几天不见，小语还真是懂事了。"

这下，小语更高兴了，乐颠颠地来厨房给我帮忙了。

在家庭教育中，夸奖比批评和强迫的效果要好很多。对于孩子的每一点细微的进步、每一个小小的闪光点，都要加以关注，及时给孩子庆祝，从而激发孩子的成就感和自信，孩子会在你的激励中不断成长。

不要一味金钱奖励

我有个朋友，她的女儿在我的印象中一直很乖，可是，她说现在她的女儿成了"小骗子"了。我很吃惊，问她究竟是怎么回事。

她溺爱孩子，经常给她女儿过多的钱，特别是她的女儿在考试之后，只要分数考到85分之上，就会给她很多钱。

可是，这次考试之后，她发现女儿试卷上的分数明显有“造假”的嫌疑。“69”被改成了“89”，这让她很生气。

这和之前我列举过的小语改分数的情况还有所不同，她的女儿是为了考高分，得到妈妈的金钱奖励，而小语之前私自改分数是怕我失望。二者在性质上有区别。

这也不能完全怪孩子，因为，她已经给孩子灌输了这样一种思想：只要考到85分之上，就有金钱在等着自己。

所以，你在奖励孩子的时候，要注意适量的原则，同时还要给孩子传输正确的思想。

在教育小语的过程中，我是将“金钱奖励”和“精神奖励”二者兼顾使用的。

小语在幼儿园表现得好，我就会奖励她一元钱。但是如果小语在幼儿园表现得好，在家里表现得不好，她就得不到这一元钱。

经常会有这样的情况。

小语在幼儿园听老师的话，认真听课，不和同学闹别扭，得到了大红花。可是回家后，她不听话，和我顶嘴，这时候，她也会主动向我承认错误：“妈妈，今天的钱我不要了。”看着小语这么乖，我真想给她两倍的钱作为奖励。

但是为了小语考虑，我还是没有这样做。为了表示我对小语的爱和奖励，第二天，小语起床的时候，会发现枕边有我为她放好的零食。这时，小语心里的喜悦是金钱无法替代的。

亲子感悟

孩子的耐心是很短暂的，孩子有了成绩之后，如果你迟迟不肯给他掌声，他就会觉得自己的努力是没有价值的，也就失去了继续努力的信心和动力。一旦你在孩子取得成绩之后及时为孩子鼓掌，他则会加倍努力，信心十足地奔向更高的目标。

允许孩子失败

孩子就是孩子，缺乏经验，所以有权利失败。相信你也是在磕磕绊绊中成长起来的，那就宽容你的孩子吧，把失败的权利给孩子，告诉孩子：失败了，没关系，你下次会做得更好！

只要努力，失败也可以原谅

孩子失败的时候，很多父母都会感到失望，责怪并教训孩子，如果换一种方法，先表扬孩子，肯定孩子做这件事付出的努力，然后再与孩子一起找出失败的原因，想出克服困难的办法。这样的方式，是更可取的方式。

一次考试后，小松回家后，老公问他："考得怎么样？"

"第四名，成绩和第三名差不多。"小松回答说。

"不错，比上次有进步。可是你和第三名成绩差不多，怎么别人考第三名，你考第四名啊？是不是你不够努力啊？下次应该努力啊。"老公说道。

"可是……爸爸……"小松说，"上次你给我定的目标不是班级前三名吗？按你的要求，我是失败者，你怎么还说我不错呀？"

"小松，爸爸不只是看你的成绩，上次我睡觉的时候，见到你屋里的灯还在亮着，我知道你是在复习功课，你已经那么用心了，如果爸爸再批评你，那就是爸爸不对了。"

说着，老公还拍了拍小松的肩膀，这让小松获得了极大鼓舞。

"爸爸，你放心，我下次一定好好考。我的目标是班级第一名。"

“只要你努力了，考第几名都没关系。”

可是下次考试，小松果真考了班级第一名，比第二名的分数高了近10分。我和老公虽然都不是“分数至上”的人，可是看到孩子经过努力取得理想的成绩还是欣喜不已。

给孩子失败的机会，孩子会体会到你对他的信任，他也会在你的“宽容”下获得更大的进步。何况，有的时候，孩子并不是失败，只是距离你的目标有一定差距。

告诉孩子，失败了没关系

生活中，常常见到父母对孩子说：“我还要纠正你多少遍，你自己才能不再犯啊？”急于帮助孩子纠正错误的心情可以理解，但是，你这样对孩子说话，对孩子真的有害无益，孩子内心会产生很大压力。

小语5岁的时候，比她大点的孩子有几个都会骑自行车了，她回家对我说：“妈妈，我想学骑自行车。”

“不行，你个子太小了，等明年你长高了再学吧。”我这样对小语说。可是小语坚持要我教她骑自行车，我只好教她。

小语学骑自行车，最难的是跨上车。她学得很认真，可是为了骑上自行车，还是吃了不少苦头， 经常连车带人一起倒在地上。一次，她的膝盖摔破了一层皮，我很心疼，和她商量说等明年再学。

可是，这时，老公正好回家看见小语学自行车呢，他脾气暴躁地说：“这么简单的事情，你都做不好，真是笨。”

一听爸爸对自己说这样的话，小语不仅没有进步，反而更胆小，后来连跨上自行车的勇气都没有了。那一天，她就练了半个小时，练完就回家了，心情很沮丧，估计是受了老公话的影响。

第二天，见小语没有下去学骑车的意思，之前我还想劝她明年学，可是老公对她说了那样的话之后，我打消了自己的念头，语重心长地对她说：“小语，爸爸当时是说的气话。我小时候学骑自行车的时候，还不如你呢。倒了没关系，可以站起来重新学啊。”

“妈妈，我这么笨，还能学会吗？”

“当然可以。走，妈妈现在就陪你去练。”

最初，她的心里对自己也是有所怀疑的，是我的激励让她冲破了心理障碍。几天之后，小语终于可以自己骑车了。

孩子只是孩子，缺乏经验，所以有权利失败。相信你也是在磕磕绊绊中成长起来的，那就宽容你的孩子吧，把失败的权利给孩子，告诉孩子：失败了，没关系，你下次会做得更好！

鼓励孩子去做有困难的事情

春节的时候，我带孩子们去乡下孩子外公家过年。乡下春节，每年都有一个必不可少的活动，那就是踩高跷。

一年春节回家，小松看见别人踩高跷，好不羡慕。外公知道小松有些胆小，觉得这是锻炼他胆量的好机会，正好家里有一副高跷，就想教小松。

外公让小松坐在沙发上，帮他绑好了高跷。小松兴奋地想站起来，可是他站起来接着又跌落在沙发上。

“外公，我怕……”小松坐在沙发上说，“要不我不学了吧？”一边说着，一边想把绑好的高跷取下来。

“你还没有开始走路，怎么就放弃啊。刚才，你不是对它还充满兴趣吗？”小松似乎觉得半途而废也不好，所以试探性地站起来。

“啪”，他还没站稳，就被摔倒在地上。幸好摔得不是很重，可是小松却一脸胆怯，说什么也不肯站起来。

“小松，站起来，不管是谁，最初学这个的时候，都是害怕的。来，再试一次。你那么聪明，肯定没问题的。”

外公伸出手去拉小松，并且向他说了一下踩高跷最重要的是要保持身体平衡、注意脚下。在外公的激励下，小松虽然害怕，可还是点了点头，在外公的帮助下站了起来。

“你的眼睛要向前看，别往地上看，你就不会这么害怕了。”外公在旁边教给小松该怎么做。几次下来，小松终于敢自己踩高跷了。后来，他都能一个人走到家门外踩高跷了。他的胆量和意志力得到了很大提高。

多鼓励孩子去做一些对于他们来说有点困难的事情，让孩子在不断的失败、总结、改进中锻炼出胆量，摸索出经验来。其实允许孩子失败，也是对孩子的一种信任。那就让我们信任我们的孩子吧。

亲子感悟

你要让孩子知道，生活有顺境也有逆境，每一次的失败其实都是在为成功积蓄能量，所以你要给孩子失败的权利，允许孩子失败，培养孩子正确对待挫折和失败的态度。孩子遭遇失败的时候，你要对孩子说：“没关系，你再试一次，相信你会成功的。”

孩子的成长离不开秘密

你不能借网络这个渠道去窥探孩子的隐私，甚至干涉。在发现孩子的成长出现较大偏差时，用一个类似兄长的角度去适当引导一下孩子就可以了。

关注孩子的心灵成长

在孩子成长的过程中，不仅身体方面会慢慢成长，心理上也会一天天发生变化。但是遗憾的是，很多时候，你会把注意力放在孩子的身体方面，却很少关注孩子的心理。

我读初中的时候，班上的语文老师幽默风趣，很多女生都很崇拜他，特别是我的同桌小王。她的成绩以前在班上数一数二，可是自从她心底对老师产生好感之后，竟然把学习的重点都放在语文上了，其他科目的成绩一落千丈。

其实她也对我说过，她很害怕现在的这种状况，只是没人给她建议，我也是个初一的孩子，不知道该怎么帮她走出那种崇拜。这就成了我和她的秘密。

一次家长会之后，她那好强的妈妈对她说："你的成绩怎么一直下滑呢？"小王也是个好强的孩子，听了妈妈的话之后，更加勤奋学习，可是因为心底的秘密加上劳累，患了失眠的毛病。

可是她的妈妈全然不知，完全没有意识到孩子的心理成长，更没有发觉孩子的秘密。后来，小王变得沉默寡言，和那个活泼的她判若两人。终于有一天，她实在难以承受自己心理上的压力，选择了退学，她的妈妈才意识到她积蓄已久的心理疾病。

如果她的妈妈对她多一些关心和理解，及时发现孩子的秘密，旁敲侧击地给她一些好的暗示，也许，就不会出现那样的结局了。

你家里有类似于上述案例中年龄大小的孩子，一定要对孩子多点耐心，观察孩子的行为，在孩子的举止中发现他的困惑，适时给予开解，让孩子顺利走出属于他们的秘密。

和孩子保持亲密关系

一次，一个孩子的日记里这样写道：

在别人看来，我就是一个普通的学生：按时上学、放学，做各种习题，脑中也时常会蹦出各种各样新奇的想法。但是我却觉得我和别的同学有很大区别，那就是我的爸爸妈妈根本就不关心我，甚至也不过问我的学习情况。

以前我写日记，还担心爸爸妈妈会看，所以还会在日记上做点小手脚，比如在日记封皮上放点东西，看看爸爸妈妈是不是动过。可是没有。

他们很少和我谈话，即使是在饭桌上，他们也不会问及我的学习，而只是会谈他们的生意。有时候我主动谈起我的学习，他们也不感兴趣，更别提我的内心秘密了。很多时候，我都想和他们聊聊我心里的想法，可是都没机会。

前几天我偷偷拿了爸爸的五十元钱去玩游戏了，可是粗心的他竟然没有发现。这让我更痛苦，还不如被他发现了，那样我心里也会舒服点。

这让我很苦恼。

经常听见学生抱怨自己的父母管自己管得太严，不给自己空间，鲜有学生抱怨自己的父母不管自己的。

孩子拿了爸爸的钱，这件事成了他心中的秘密，可是后来，孩子却把这件事情当成自己的心事，希望父母可以发现，并对其进行惩罚。但他的父母毫不知情，为此，他很苦恼。

所以，孩子的某些秘密会成为他们心灵上的束缚和压力，孩子渴望独立，也需要和你保持亲密的关系。在和谐的亲子关系中，孩子会体会到你对他的尊重和关注，他的成长也会更顺利！

别把孩子看得一清二楚

“说，你今天晚上出去干什么了？”

“不说是吧，不说你就别想去睡觉。”

“和你在路上一起走的那个男生是谁？和你是什么关系？”

读初中的我，时常要面对爸爸这样的质问，而我的态度一向是沉默。因为我越解释，爸爸就越不依不饶。

清楚地记得一次，一个好朋友过生日，晚上我们几个同学便一起出去吃饭了。回家有些晚，我蹑手蹑脚地进来，没想到客厅的灯突然亮了，爸爸在那里坐着。我的心一下子提到嗓子眼儿，不知道接下来迎接我的是什么。

“回来了，洗漱一下赶紧去休息吧，明天还要上学呢。”爸爸温和地对我说。

这让我很吃惊，爸爸今天的态度有了180度转变，竟然没问我去做什么了。我战战兢兢地去睡觉了，还是害怕第二天起床后继续听到爸爸的质问。

可是，我预想的情景都没有发生。我和爸爸的关系有所缓和。这样，只有两个人的家也不再那么沉默了，在宽松的家庭氛围中，我的学习成绩也有了不小的进步；并且，爸爸不再时时盯着我，我却更自觉地来对待身边的朋友，不辜负爸爸对我的信任。

有一次，小语也出现了类似的情况，很晚了还不回家，给她打电话关机，我脑子里就开始设想了很多情景。她快中考了，我担心她谈恋爱影响学习。

“你干什么去了，这么晚回家，是不是谈恋爱了？”

“没有，和朋友一起去吃饭了。”可能是因为我对她的怀疑，她回答我的声音很大。

“你肯定是谈恋爱了，快说，是不是上次我在学校门口见到的那个男孩？”

“妈妈，你简直不可理喻。”小语留下这么一句话，就回自己的卧室了。

我站在那里反复念叨着小语的“不可理喻”，这时，我忽地记起小时候被爸爸怀疑的感受。

我走进小语的房间，她正躲在被窝里哭。

“小语，是妈妈不对，妈妈刚才不该那么凶。我是担心你，手机也不开机，以后记得手机要开机。”

“妈妈，我也不对，我应该提前给你打个招呼的，碰巧我的手机没电了。今天是小敏的生日，我们几个人一起去吃饭了，玩得很高兴，回来得有些晚了。”

我摸了摸她的头，说：“孩子，妈妈相信你，你好好休息吧。”

我们母子之间的关系也有了很大改善，小语乐于把她的小秘密和我分享，看着小语快乐成长，我心里也满是喜悦。

寻找和孩子沟通的良好方式

总感觉小语长大了，有自己的思想了，开始叛逆。老公经常说他和小语的沟通出现问题了。父女俩脾气很相似，说话时，往往说不到几句就会吵起来。

一天，小语兴冲冲地说有自己的博客了，这让老公有了个主意。那天下午，小语放学后就发现电脑桌面上有个文件包，名字是“写给小语”，打开，里面有一个word文档，里面有老公写给她的话。

看完爸爸的话，小语也建了个新的文件夹，名字是“写给爸爸”。

“最初觉得这是一种很好的沟通方式，文字沟通能避免很多不必要的争吵。因为是文字，所以措辞很讲究，小语和我都能轻松地接受彼此的话。”老公对我说。

后来，小语建议老公也开通自己的博客，老公像个小学生，虚心地向小语学习，如何建立自己的博客，如何写博文，如何留言……

老公学会之后，就经常去小语的空间逛逛，还会给她留言。这让小语的很多同学都很羡慕：要是我的爸爸也这么好，那就好了。

小语同学的反应让小语有些得意，她也不隐瞒爸爸，有什么就在博客里写什么，爸爸也会给小语提出中肯的意见。就这样，本来一见面就吵个不停的父女俩，现在通过网络已经形成了良好的互动和沟通。

但是你不能借网络这个渠道去窥探孩子的隐私，甚至干涉。在发现孩子的成长出现较大偏差时，用一个类似兄长的角度去适当引导一下孩子就可以了。

亲子感悟

关心孩子，怕孩子走上邪路，这样的心情是可以理解的，于是，你紧紧地盯着孩子的隐私，这样的教育是充满无助感的。想要了解你的孩子，和孩子保持亲密的关系，和孩子做朋友，不经意间为孩子解疑释惑。如果你是抱着窥探孩子隐私的态度和孩子亲近，那最好还是敬而远之吧。

你做错了，也要向孩子道歉

你教育孩子和孩子接受教育是个互动的过程，也应该是个快乐的过程。在教育孩子的时候，你也会获得成长。其中，错误地对待孩子之后，向孩子道歉，并且进行自我反省就是学习的一个途径。

向孩子道歉，无关尊严

从小语和小松小时候开始，我和老公就对他们在金钱上管得比较严，不是因为经济紧张，而是不想让孩子养成浪费的坏习惯。

一次，我发现钱包里少了张50元的纸币。当时，我就把还在睡觉的小语和小松拉起来，开家庭会议。

“谁拿我钱包里的钱了？”

小语和小松紧张地你看我，我看你。

这时候，小松主动地对我说：“是我拿的。”

这可怎么了得？50元钱对于5岁大的小松来说，不是一笔小数目，他能拿这钱做什么呢？更为严重的是，他没有征得我的同意就拿了钱，行为属于“偷”。

一旁的老公知道小松偷拿了家里的钱，气得拿起家里的鸡毛掸子就朝小松身上打了起来。我想阻止老公的行为，可看到老公铁青的脸，我就没敢再说话。

老公打小松的时候，小松竟然连哭都没哭，这不得不让我和老公觉得蹊跷。平时，小松也不是个乱花钱的孩子，怎么一下子拿走那么多钱啊。

想到这里，老公停下来，把小松拉到一边，耐心地询问他出什么事情了。最初，小松不肯说，后来经不住老公询问，他说出了实情。

"小童是我们班里的同学。他的爸爸在附近工地工作，前段时间出事了，小童的学费就交不上了。他昨天说可能下个月就不来上学了。我和几个同学很喜欢和他一起玩，所以就商量每个人在家里拿50元钱给小童，让他拿去交学费。"

说话的时候，小松俨然不像是一个只有5岁大的孩子。他的话让我对他有些刮目相看。

"小松，是爸爸错怪你了，爸爸向你道歉。但是我打你之前，你可以把实情告诉我啊。"脾气暴躁的老公变得温和起来，还把小松拥在怀里。

"爸爸，不是我不想说，我们几个说好了的，不能对你们大人说。再说，我做得也不对，应该挨打。"

老公用和蔼的语气对他说："小松，你是在做好事，但是以后要记得和爸爸妈妈说。只要你做的是有意义的事情，我们是不会反对的。你应该相信爸爸妈妈。"

向孩子道歉时，你一定要保持温和的态度，坦诚地和孩子沟通。只有这样，你的道歉才会让孩子感动，你的威信也会在孩子心中越来越高。

反省自己的错误行为

你教育孩子和孩子接受教育是个互动的过程，也应该是个快乐的过程。在教育孩子的时候，你也会获得成长。其中，错误地对待孩子之后，向孩子道歉，并且进行自我反省就是学习的一个途径。

班上有个孩子叫赵鹏的，爸爸妈妈都是做生意的，平时很忙，听学生说，有时候好几天他都和爸爸妈妈见不着面。就算是见面了，他的爸爸妈妈对他也不和气，打骂是常有的事情。

一天早上，我刚到办公室，他的爸爸就气势汹汹地来找我了：“李老师，我家孩子好几天晚上都没回家了。”

奇怪，赵鹏说家里有事，请了一周的假，这几天一直没有到校。

“什么时候不见了？”

“我也不知道，不是前天，就是昨天。这两天生意不好做，赔了不少钱，回家后看他在看电视，我就狠狠地打了他一顿。我也不知道他是那天晚上就出去了，还是第二天出去的。最初我还以为他是去同学家了，可是一连几天了，他晚上都没有回家，我开始着急了。”

“那您怎么不去找呀？”

“学生是你们教出来的，你们教育得不好，孩子不好好上学，找不到是你们的责任。你们去给我找，找不到我就去告你们。”

面对这样无知的父母，我认真地告诉他：“我们对孩子的教育尽心尽力，不论是孩子的学习，还是孩子的心理素质。现在孩子出现这样的情况，肯定不是只和学校教育有关系。”我的声音不高，却感觉字字都很有分量。

“我也有自己的孩子，孩子找不到，我也很焦急，我们老师会帮您找孩子的。”

“那你们快点去找吧，找到了我请你们吃饭。我生意很忙，先去忙会儿。找到了和我联系吧。”他说完，便要离开。

我看着他的背影，在想：不行，我要让他知道自己的行为是错误的。孩子的出走，就是因为他的教育。如果他意识不到自己的错误，那孩子还是会再次出走的。

我跑上前去，对他说：“我们是对孩子负责任的人，肯定会找到你的孩子，但是也请您在百忙之中抽出点时间反思一下你对孩子的行为。”我把“负责任”这个词加重了语气。

他低着头，开车走了。

我知道那个孩子在哪里，他就在我家里。当我得知他家里的情况之后，就和他一起想了这个办法，想让他爸爸学会反思。

向孩子道歉的时候，要真诚

生活中，作为父母的你也不一定事事做得正确，那就要做到实事求是。做错的时候向孩子道歉，这不仅教给孩子哪些是正确的，哪些是错误的，对亲子关系的和谐也有很大的促进作用。

一次，我带着小松去买东西，当时天很热，路上的车辆也明显少很多。红灯的时候，我看见没车，就拉着小松快速走了过去。

到路的对面，小松嘟着嘴对我说："妈妈，老师对我们说红灯的时候不要走。是不是没有警察的时候，我就可以过马路啊？"

小松说这句话的时候，我立即意识到自己刚才犯错误了。

我立即停下脚步，蹲下来，对小松说："小松，刚才妈妈做错了，我没有遵守交通规则，妈妈向你道歉。以后你来监督妈妈的行为吧。"

"妈妈，老师说过，乱闯红灯是很危险的，你以后可别再乱闯红灯了。看你认错的态度很认真，还不错，知错就改就是好妈妈。"小松煞有介事地对我说。这个孩子，一看就是把老师教育他的那种理论和态度用在了我这里。

我微笑着勾起了小松的手指，说："好的，妈妈和你一起遵守交通规则。"

许多时候，你为了保存自己的颜面，不愿向孩子承认你的错误。有时候，你也知道自己做得不对，也想向孩子道歉，可是向孩子道歉的时候态度并不认真，导致孩子认为真诚地认错并不是严肃认真的事。

你学会并敢于向孩子道歉是教育孩子的明智之举。如果你做错事情也不向孩子道歉，就会给孩子“你做的都是对的”的错误观念，可能会导致孩子做出错误的行为还自以为是正确的。但是，如果你能真诚地向孩子道歉，孩子会懂得向别人道歉并不是一件可耻的事情，自觉提高自己分辨是非的能力，孩子也会从中体会到原谅别人的快乐，变得宽容。

第四章

积极教育，健全的人格比知识更重要

重视孩子的归属感和自我价值感

大多数人都活在“自我价值的迷失”中，没有自我价值认同感，生活也无目标状态。孩子在成长过程中，在逐渐重建自我价值认同感。孩子也会问：我是谁，我能干什么？所以，重视孩子的归属感和自我价值感，别让你的孩子再有这样的困惑。

给孩子足够的关注，满足他们的精神需求

班上有个孩子，在一次班长竞选之前，给我写了一张字条：“老师，您选我当班长吧。这样，我爸爸就会重视我了。”

他的话让我很纳闷，当班长和获得爸爸的重视，有什么直接关系吗？和这个孩子谈话之后，我才知道，孩子在家里没有地位，甚至他的爸爸妈妈都懒得和他说话，所以，他认为，自己如果当上班长，爸爸妈妈知道了，可能就会重视自己了。

那天晚上，我就去他家做了家访。

“孩子最近学习很用功，进步很大。”我对他的爸爸说。

“是吗？”他说。

“上次考试的试卷，您不是还在上面签字了吗？您没发现他的成绩比以前高了吗？”我有些不满地说。

“哦，没太注意。”

“您这样不关注孩子，孩子感觉不到安全感，心理会出问题的。”

“会出什么问题？我们小时候，哪有人管过我们？还不照样很好。”

面对这样的父母，我不知道该怎么和他们进行沟通。可为了孩子，我还是耐住性子，跟他继续说下去：“现在的孩子和之前的我们不一样，他们所处的环境让他们更敏感，一旦得不到你的关注和周围人的认可，就会迷失方向。这不仅仅是孩子的问题，更是时代的问题。”

我还把孩子想当班长的事情告诉了他。当他知道孩子是想获得他的重视时，自己拍了拍脑袋，说：“我这个当爸爸的，太不合格了。”

他笑着把我送出家门，还说和妻子都会对孩子多一些关注，给孩子所需要的安全感。

给足孩子安全感

每一个人都有觉得自己归属于某个地方或某个人的强烈需求，对于孩子来说，也是如此。

小松出生之后，我就发现小语经常躲在角落里看大家为小松忙这忙那。大家都为小松的到来感到高兴的时候，小语却没有因此而感到开心。

“妈妈，有了弟弟，你和爸爸是不是就会不爱我了？”小语怯生生地问我。

“傻孩子，你们都是我的孩子，我怎么会不爱你呢。你是我的第一个孩子，我心里对你的爱和对你弟弟的爱还有差距呢，我更爱你。”我温柔地对小语说道。

我想用我的爱，给孩子创设一个安全的氛围，让她时刻有归属感。心有了归属感，才会稳定下来，个人的价值也才会实现。

可是后来，我还是犯了些错误。至今想起来，还是有些后悔。老公平时要上班，我带小语和小松很困难，无奈之下，就把小语送到了婆婆家。只有周末的时候，小语才会回家，或者我们去看小语。

一次，我和老公带着小松去看小语，一家人在一起玩得很开心，临走的时候，怕小语哭闹，我们便没和她打招呼，偷偷地离开了。

这下，小语可就不愿意了。前一天，她还和我们玩得很好，第二天就找不到我们了，她哭闹不停，婆婆只好说我们今天晚上还会回来看她，她便乖乖听话。可是到了晚上，她见我们没有去看她，便又开始哭闹。

几个月后，我才听说这件事情，当时对小语充满愧疚。她来到我们身边之后，我和老公想到的就是给她建立安全感，我们只要有时间，就会陪在她身边。

很多时候，你都以为，自己很懂孩子，很爱孩子，其实可能并非如此。研究过心理学的我，并不是不知道孩子在身边好，可是当我们的生活要被孩子所累时，我们也选择了牺牲孩子的快乐。多考虑一下孩子的感受，给足孩子安全感就显得尤为重要。

帮助孩子逐渐建立成就感

大多数人都活在“自我价值的迷失”中，没有自我价值认同感，生活在无目标状态。孩子在成长过程中，在逐渐重建自我价值认同感。孩子也会问：我是谁，我能干什么？所以，重视孩子的归属感和自我价值感，别让你的孩子再有这样的困惑。

“你们去玩吧，别在这里给我添乱了。”这是我经常在家说的一句话。我在家里打扫卫生或是洗衣服的时候，小语和小松经常会过来给我“添乱”，其实，这只是我自己的理解，现在想来，孩子是真的想给我帮忙。

“妈妈，我会扫地，在学校里，我还是值日的小组长呢。”小语说。

“我在学校负责擦桌子。”小松也说道。

“不行，小祖宗们，你们忘了，那次，小语扫地，把我的一份文件扔进垃圾桶了；小松擦桌子，结果我又重新擦了一遍才干净。你们赶紧去一边玩吧。”

后来一次，家里来了个朋友，我要陪朋友说话，便叫小语去厨房看一下煤气灶上的水壶是不是开了。

“妈妈，我不去。”小语说。

“就去看一眼，妈妈现在忙着呢。”我对她说。

“妈妈，你什么都不让我干，我不知道水壶开了是什么样子的。”小语终于说出了实话。

“上面冒热气，咕咚咕咚响，那就是水开了。”我对小语说。我本可以不费口舌，自己去看，可是我认识到了之前因为不给她自己做事的机会，使得她对自己的存在价值很模糊。

小语跑回来对我说：“妈妈，还没开呢，等会儿我再去看。”

“好的，这个任务就交给你了。”我微笑着对小语说。

这让小语很高兴，她跑着去对小松说：“小松，我都知道热水开是什么样的了。”

虽然这是生活中的小事情，小到不值得一提，但我知道，这对于小语内心成就感的建立是有很大帮助的。

有意识地弥合孩子的归属感和价值感

一天，我收到这样一封信：

李老师：

您好！

我家孩子今年读四年级了，可是他根本不把学习当回事，晚上回家从来不写作业。一二年级的时候，他学习还不错，现在成绩已经在班里倒数了。

上个暑假，开学前几天，作业还是只字未动。我批评他，他还犟嘴，一气之下，我动手打了他，没想到，他竟然还手。

事后，他三天没回家。我虽然没问他，但是我感觉他应该是和别的坏孩子在一起去游戏厅玩游戏去了。

现在我已经不经常打他了，可他还是不听话。您说，是不是之前我打得太厉害了，现在他才什么都不听我们的？我该怎么管他啊？谢谢。

落款是“一个着急的妈妈”。

我回复道：

您也认识到了，可能是您之前打孩子打得太严重了，所以孩子才会更不听话，更不爱学习。您的打骂其实已经伤害了孩子的归属感，造成孩子归属感的丧失。孩子会以为，他在您那里得不到自己存在的意义和价值。

一旦孩子的归属感不在您这里，他就会将其转移到别人身上，比如身边的朋友，或者游戏机上。他不会去考虑自己的行为是对还是不对，关键是他觉得满足了自己的心理需要。

您问我该怎么办呢，我的建议是：爱您的孩子，尊重他。比如拥抱孩子，在孩子睡觉之前和孩子进行交流和沟通；多谈及孩子的优点，表达您对他的认可。这对您来说，可能有些难度，但是只要您善于观察，您就会发现他的优点的。

这封信发出去一个月左右的时间，她就开心地告诉我，孩子听她的话了，也爱学习了。这也是我期望看到的。

亲子感悟

归属感和自我价值感，是孩子健全人格的基石。一个没有归属感的人，人生就会没有方向，时常处于漂泊状态。一个没有自我价值感的人，会自暴自弃，或者随波逐流。这样的人生，没有目标点，也没有前进的动力，会迷失在人生的海洋中。孩子要拥有一个成功的人生，不能毫无方向，无目的地漂流。

给孩子“我是成功者”的感觉

孩子自信的一个重要来源是取得成绩或者是做了有意义的事情。因此，聪明的你不妨为孩子设定一个可行的目标，让孩子通过自己的努力，获得成功，体验快乐，培养自信。

让孩子学会积极的心理暗示

你能给孩子的支持和鼓励毕竟是有限的，更多的时候，需要孩子的自我激励。学会积极的心理暗示对于培养孩子的自信就显得尤为重要了。

小语很喜欢唱歌，最近要参加学校组织的歌唱比赛。于是，每天晚上，我们全家都会聚在一块儿，听小语唱歌，给她提些建议。

“你这个时候，手该这样……”老公给小语提议，见小语学不会，还给她做起了示范。

“姐姐，那个调应该再高一些，我听我们老师唱的时候是那样的。”小松也给出建议。

这让小语更加不自信，她看着我说：“妈妈，我是不是很笨啊？”

“爸爸和弟弟只是希望你可以在台上表演得更好，不是在说你笨。”我鼓励小语说。

“你是老师和同学们选出来的，说明你是有实力的。再说，你以前不是还在市里参加过比赛吗？那么大的场面，你都经历过了，怎么会是一个笨孩子呢？”

“可是，上次参加比赛都是一年前的事情了，我现在又害怕了……”小语小声地低头说道。

“你就把下面听你唱歌的老师和同学当成我和你爸爸、弟弟，这样你就不会那么紧张了。主要是你要对自己充满信心，在心里对自己说‘我能行’。当你紧张时，你就这样暗示自己，会有用的。”

小语点点头。

可能是听了我的话之后，她真的学会了自我暗示，在那次比赛中取得了第一名的好成绩。回家之后，她就对我说：“妈妈，我上台的时候一直在暗示自己，真有用。”

看到高兴的小语，我也很开心，相信她今后遇到类似的情况时，也会用自我暗示给自己鼓劲。

创造机会，引导孩子体验成功

孩子自信的一个重要来源是取得成绩或者是做了有意义的事情。因此，聪明的你不妨为孩子设定一个可行的目标，让孩子通过自己的努力，获得成功，体验快乐，培养自信。

我喜欢和孩子们一起玩，特别是在夏天的晚上，很多孩子会来到小区下面的空地上做游戏。其中有个叫小胖的孩子，他比较胖，大概是遗传了他爸爸妈妈的基因。

孩子们跑着玩的时候，他的速度就很慢，两只小手使劲往后甩着，很可爱。但是他也因此遭到了不少孩子的嘲笑。不少比他小的孩子都说：“小胖，你还跑不过我呢。”小胖玩的兴致就会减少很多。

一次，这些孩子想玩“丢手绢”的游戏。几乎所有的孩子都知道小胖跑得慢，所以每次都放在小胖身后。小胖发现手绢后就站起来去追前面的孩子，可是无论他怎么追，都追不上前面的孩子。

我发现小胖情绪低落，所以主动要求加入孩子们的行列。我也把手绢放在小胖身后，等小胖起来追我的时候，我故意跑得很慢，小胖没跑几圈，就逮住了我。如果是平时，他跑个四五圈也追不上，反而会被别的孩子逮住。

“我追上老师了，老师比我跑得慢……”小胖兴奋地说，脸上露出了兴奋的笑容。之后，小胖每次都是自信满满的，再也不会因为自己的“胖”而郁郁寡欢了。

是啊，在生活中，就应该给孩子创造一些机会，孩子体验到成功的快乐，就会拥有一颗自信的心！

强化孩子的自我肯定

一次，我去同事家做客，在她家客厅，我见到一个“记事簿”。获得她的许可，我翻开一看，竟然是她家孩子每天的生活记录——大到在市里的乒乓球比赛中获奖，小到帮同事拿了一份报纸。里面有孩子自己的记录，也有同事和她老公对孩子的评价。

“我家孩子很自卑，就算有点小成绩了，那种信心也是飘忽不定的。我觉得这样下去对他的发展不好，所以就建立了这么一个记事簿。说是记事簿，其实是记功簿，我想用这种方式强化孩子的自我肯定。”

她拿过我手中的本子，翻到那一页：“今天，你在我下班后为我准备好了拖鞋，这让我很高兴，感觉你越来越懂事了，所以，我决定奖励你一本你喜欢的漫画。”我看得出，当时的那种愉悦感一直持续到现在，不然她怎么会那么开心呢。

“你不怕孩子骄傲啊？”我试着提出自己的疑问。

她没说话，翻到记事簿的后面，我看见有几条用小一号的字写着：今天，你为了看电视着急写作业，作业做得有些不认真，可妈妈看得出你也知道自己做得不对了，所以，妈妈没有批评你。妈妈希望你以后做事的时候一心一意，把每件事情都做好。

“这样，孩子也不会过分骄傲了。”她补充道。

更吸引我眼球的是，“缺点”的最上面写着：孩子，你没有缺点，只是还不成熟。

这让我受益匪浅：在教育孩子的时候，首先你要知道你想强化的是什么，想让孩子获得什么样的感受和体验。有了这样的思考，你就能明白“记功簿”的目的，也就能合理利用，使其发挥作用。

亲子感悟

把孩子的一生变成由一个个“成功”的小故事串联起来的精彩故事，这应该成为你的家教目的。将孩子的每个进步看成“成功”，始终把孩子当成成功者，孩子得到你的肯定和激励，更容易自信和进步，也就能充满自信地面对生活和学习，自然离“成功者”不远了。

保护孩子的自尊心

自尊——你应该送给孩子的礼物。获得自尊的孩子会认识到自己天生的价值，有足够的信心去改变自己的弱点，追求自己的目标，探寻自己的人生意义。

维护孩子的自尊，巧妙帮孩子克服缺点

我曾经在别人那里听到过这样一个故事：

一天下午，一个不足10岁的孩子放学后独自到一片树林里玩耍。天黑了，这个胆小的孩子还没有找到走出树林的路，他怕遭到野兽袭击，就爬到一棵大树上躲了起来。

他的爸爸见他很晚还没回家，就沿着他放学回家的路去寻找。在一片树林里，借着微弱的星光，他隐约看见儿子正躲在一棵大树的树杈上 。

爸爸没有马上喊儿子下来，而是假装没有看见，吹着口哨在离儿子藏身的大树不远处溜达。儿子听到父亲的口哨声好像遇到了救星，马上从大树上下来，吃惊地问："爸爸，你怎么知道我在这片树林里呢？"

"我吃完饭独自散步呢，没想正碰上你在树上玩耍呢。"

爸爸的话维护了孩子的自尊。据说这个孩子摆脱了胆小的缺点，长大后进入军官学校深造，毕业后成了一名作战勇敢的将领。

由此可见，巧妙地维护孩子的自尊，孩子获得鼓励和理解，就可以自觉地克服自身的某些弱点。这是批评、训斥所达不到的效果。

自尊——你应该送给孩子的礼物。获得自尊的孩子会认识到自己天生的价值，有足够的信心去改变自己的弱点，追求自己的目标，探寻自己的价值。

不要当众斥责孩子

随着孩子情感自我意识的发展，他们对自尊也越来越重视，也会在意别人对他的评价。如果你当众斥责孩子，他们的羞愧感就会很强烈。因此，就算你的孩子有了错，也别在外人面前指出，甚至狠狠地训斥孩子，否则当心你的孩子成了“厚脸皮”。

一次，我上课的时候，赵俊打瞌睡，我很生气，当场就把他揪了起来，当着全班同学的面，说：“你这个孩子真是不争气，快考试了，老师讲的都是重点，你成绩本来就不好，全班就你一个人不好好听。你如果再这样，老师就开始讨厌你了。”

事后，我很快就把这件事情忘却了，可是，班上不断有同学跟我说赵俊做什么错事了。赵俊虽然不是很优秀，但也没有这么多毛病啊。而且，我看他的情绪越来越消沉。

于是，我开始向同学们询问事情的原委：为什么以前没发现他的缺点，最近这段时间全发现了？

一问才知道，是因为我。我生气时说的“讨厌”他，没想到别的同学都记在心里了，我的话已经无意中给别的孩子传达了错误的信息，导致别的孩子排挤他。

弄清缘由后，我开始后悔自己的一时冲动。所有的孩子都渴望得到老师的表扬，可我当众表明我对他的“讨厌”，这对那个孩子是多大的心灵伤害啊！难怪他最近不太爱说话，也不和别的同学玩。

要想消除赵俊的心理阴影，我只有找机会对他进行肯定。一次课上，我主动在全班同学面前说："赵俊，上次是老师不对，现在，老师正式地向你道歉。在老师心目中，你是一个好孩子。虽然你有些顽皮，但是个聪明的孩子，老师怎么会不喜欢你呢？"

赵俊听完我的话，眼睛里大放光芒，班级里再也没有出现孩子排挤赵俊的情况。赵俊也没有让我失望，表现越来越出色，成绩也提高了不少。

别对孩子实施"心灵虐待"

一次，我去同事家做客，刚进门，就看见孩子在练钢琴呢，但是能听得出，孩子弹得并不认真，好几个地方应该是高音的，他用了低音；应该是低音的地方，他用了高音。好像他在弹琴的时候还带着某种怨气。

我过去看他的时候，见他的泪珠滴落在了键盘上。

"怎么了，栋栋？"

"没怎么。我让他好好练琴，他非说要去踢足球，足球踢得再好有什么用啊，考试时又不给加分；如果把钢琴弹好了，考试的时候还能加分。你继续练，必须练够两个小时。"

她不容得孩子和我说话，自己对我说了这样的话。我再看栋栋，他不好意思地看着我，眼神里充满了无奈和无助。

我出门的时候，栋栋跑到门口对我说："李阿姨，你别和小语说我笨……"我摸着他的头，说："你很优秀，阿姨只会夸你。"听到我的话，他才回到屋里。

无独有偶，第二天，我带着小语，她带着栋栋，我们一起参加一个亲子活动，比赛的项目是"两人三腿"。我们四个人被分在了同一组。

我和小语事先说好，先迈哪条腿，所以配合得很默契。同事和栋栋的配合却不好，我和小语都走出去十多米了，他们才刚开始走。

"你怎么那么笨，钢琴弹不好，走个路也走不好。"她开始埋怨孩子。

“妈妈，是你太着急了，我也想跟上你的脚步，可是你总是比我快，你等等我。”

“还怪我快，明明是你笨。”说完，她就弯下腰把腿上的绳子解开。可能是栋栋经历这样的事情多了，所以当他妈妈做出这样的举动时，他已经不觉得什么了。

这件事情却引起了我的思考：常常对孩子的心灵施虐，孩子得不到应有的尊重，那对他的成长会带来你想不到的伤害。就像上述故事中的栋栋，当妈妈反复伤害他的自尊的时候，他就习以为常了。其实，这是家庭教育的失败。

亲子感悟

孩子很容易感受到外界对他的评价，这是孩子获得“社会自我”的重要途径。这个时候，越是能够维护孩子的自尊，就越能保护孩子的自信，使孩子肯定自己、相信自己，有强烈的自我意识，从而使孩子积极挖掘自己的潜力。所以，在生活中维护孩子的自尊已经成为你的责任和义务。

肯定孩子的梦想

让理想得到实现，会有大大小小的“瓶颈”，许多是前期无法预料的。瓶颈期，孩子需要鼓励，也需要指引，而不是指责或训骂。

别做扼杀孩子梦想的父母

读初中时，我有个女同学，在大家准备中考，升入理想高中，三年后进入理想大学的时候，她却将自己的目标定在小兔子、小猫等小动物上，她说她想做一名兽医。她主动放弃了中考，报考了畜牧中专学校，并且顺利拿到了录取通知书。

这本来是件高兴的事情，因为她可以做自己喜欢的事情。可是，当她把这件事情告诉爸爸妈妈的时候，他们极力反对，还将她的入学通知书撕碎了。看着自己的梦想被父母扼杀，她的心情无以言表。

父母让她去复读，她不听从他们的安排；父母给她找了份工厂里的工作，她却想继续研究畜牧业，她的父母还是不同意……就在这样的生活中，最后，她得了间歇性精神分裂症。某天，她选择用一条绳子结束了生命。

她出殡那天，我们很多同学都去为她送行，见到了伤心欲绝的她的父母。如果他们知道孩子会有这么一天，相信是不会再撕碎她的入学通知书，也不会强迫她去工厂上班的。

保护好孩子小小的梦想

童年是多梦的季节。你应该精心保护孩子的梦想，不去管孩子的梦想是大是小，只要你用心呵护，小小的梦想就有可能变为参天大树。

小语渐渐长大，到10岁的时候，我就能感觉到她不再是那个什么话都和我说的小语了。更多的时间，她喜欢沉浸在书海里。好几次，我想和她说说话，都被她以“我要看书”的理由拒绝了。

一天，我突然有了个好主意，我买了一个精致的笔记本，在第一页写上：小语，妈妈想和你建立一个秘密记事本，你有什么心事或迷惑都可以写下来，妈妈会经常看的，妈妈先开个头儿。

我便在本子上写下了我对自己的小期望：希望自己带的学生考试顺利！

很快，我就收到了小语的回复：妈妈，我想当一名作家。可是，我在班上说出我的理想时，同学们都窃窃私语，我知道，他们是觉得我没有那个能力，因为我的作文写得不好，有时候连“良”都达不到。

最后，她还写上：妈妈，这是我们的秘密，你不能对我的老师说。

小小的小语的心思竟然如此细腻和敏感，她怕再次受到别人的讥笑。可是，作为妈妈，我怎么会嘲笑我的孩子呢。我知道“作家”是她脑子中小小的梦想，我应该好好保护它。

我在她的字下面写道：小语，妈妈相信你，只要你肯努力，什么事情都会做到的。妈妈看你最近努力看书，还以为你和我之间产生隔阂了，现在妈妈全部理解了。妈妈会支持你的梦想的。

第二天，我看到了小语的字：妈妈，我了解你的心思，我会努力的。

这个“秘密记事本”直到现在还在发挥着它的作用。我努力呵护小语的梦想，给她支持和鼓励，小语也没有让我失望，作文在班级上已经数一数二，还参加了全市的青少年写作大赛，并且取得了不错的成绩。

在擅长的领域，让孩子的理想变丰满

“你这是在画什么啊？”我看见小语在纸上乱涂一气，所以想知道她在画什么。

“我在画草地呢。”小语说。

看着小语根本就不是在画草地，我问她：“你怎么那么笨啊，草地怎么会是黑色的呢？应该是绿色的吧。”

那时，小语只有3岁多。她没有搭理我，而是继续画了下去。

“你没听见吗？草地不应该是黑色的，应该是绿色的。”

小语抬头不解地看我。看到她的眼神，我知道自己犯了个错误，说不定这是小语对自己未来的理想定位的时候，我的话会让她的兴趣减少。

想到这里，我不再批评她，温和地问她：“小语，接下来你要画什么啊？”

“我想把自己画上去。”

我耐心地引导她要怎么画人的头、身子、腿……这个过程，小语画得有些吃力。

在我的引导下，改完画上的自己，用同样的方法将我也画了上去，还对我说：“妈妈，你和我一起在草地上玩呢。”

孩子的心理和意志都很脆弱，最希望得到的是理解和支持，因此，你一句鼓励的话都有可能成为启发孩子理想的阳光。

“小语，你那么喜欢画画，是不是想一直画下去啊？”我试探性地问小语，其实我是想她可以把画画作为她的理想，继续下去。

听完我的话，小语说：“妈妈，我想学画画，想一直学下去。你去帮我报个画画的班吧。”

我告诉她，只要她想学，我就会一直支持她。几岁大的小语不知道在谁那里听说“报班”，她主动向我提出这个要求，并且我还确定她想好好画画，我开心地给她报了美术培训班。

从此，走美术路，成了小语的人生理想。这是小语擅长的领域，她如鱼得水，非常有成就感。

学习过程中，小语也有遭遇困难、想放弃的时候，我总是鼓励她坚持。我激励她，理想之路，总会有挫折，但只要坚持，就是不断在前进。

给孩子实现梦想的机会

米来是小语最好的朋友，她是在一次课外动手实践中喜欢上陶艺的。她说她喜欢那种黏黏的土在手中的感觉，特别是看着自己的作品出来的时候，心里有那种成就感。

最初，她的爸爸妈妈也是不同意的，觉得她还是老老实实地在学校里学习，以后上小学、中学、高中、大学，而不想让这项技能成为米来今后的事业。

可是，米来对妈妈说："妈妈，您就让我去学吧。我是真的很喜欢，并且我不会将自己的学习时间用在陶艺上。我答应您，就算上学了，我的成绩也不会因为陶艺受到干扰，可以吗？"米来的妈妈觉得米来说得有道理，就同意米来课余时间去学习陶艺了。

米来在这方面也真的很有天分，在幼儿组的陶艺大赛中，拿到了第一名的好成绩。米来拿着奖杯，和她妈妈说："妈妈，您看，您的支持造就了一位陶艺小明星。您真是功不可没啊！"米来开玩笑地和她妈妈说道。

理想遇"瓶颈"，赶快寻找新转机

小语学画一直很积极，当她学完了基本手法后，感觉到迷茫了——下一步，该怎么办呢？

那一段时间，学画，也总提不起兴致来。小语向我倾诉："妈妈，我不开心了，我办了好几个个展了，可我觉得，这些都不是我想要的。荣誉与社会价值，我更想要后者。"

艺术容易曲高和寡，小语现在搞的正是纯艺术。她还在上学，虽得过不少绘画奖，但这些作品和名家比，既没有收藏价值，也没有学术价值。她未来的人生取向，的确是个问题。

小语的现状，是要找专业方向了，能将她的艺术天分融入商业社会中来，她的才华能被大众享用，才能更有成就感。小语马上要上大学了，我和她一起商议，为她选择了室内装潢设计专业。这对她是一个全新的领域，与艺术有关，也与建筑学、材料学有关。

我鼓励小语，先学好建筑学和材料学，将它们与美术融合，使小语在新领域也能坚持自己的美术梦。有了实际方向，小语又开始成长了。

很快，她走过了低谷期，干劲十足地向她的家居装潢领域进军。虽然还是学徒，她利用业余时间，帮好几家公司搞装潢设计。她创意新颖，乐于和户主互动，几个设计都受到了好评。小语被肯定后，马上又找回了自信。她在理想之路上，越走越远了。

理想到实现的过程，会遇到大大小小的"瓶颈"，许多是前期无法预料的。瓶颈期，孩子需要鼓励，也需要指引，而不是指责或训骂。

亲子感悟

每个小孩子都喜欢做梦。孩子在幼年期，要呵护孩子的梦，别轻易撕破孩子纯真的心愿。孩子需要一个理想，理想激励孩子去探索，激励孩子去超越。在成长的路上，一定要帮孩子早立志，立长志。志向要遵从孩子的兴趣，让孩子做喜欢的事，在擅长的领域成就自己。这样的人生理想，既能助孩子成功，又不会委屈孩子的个性。

友谊是孩子成才的必要支撑

“近朱者赤，近墨者黑”，你肯定希望自己的孩子能和好孩子交朋友，在良好的朋友圈子里能学到更多的东西。必要的时候，你要引导孩子学会如何交朋友，如何看到别人的优点，广结良友。

尊重孩子的朋友

一次，小语带了几个女孩子来家里玩。我回家后，看见门口横七竖八的几双鞋子，气就不打一处来。客厅里的电视开得很大声，沙发上扔的是零食，玩具扔在地上，我进小语卧室一看，她们正在床上跳来跳去。

“小语，你在干什么？”

“我在和朋友玩呢。”

“以后不许在家里玩。我上班那么累，回家还要整理房间，昨天刚换上的床单，今天又要洗了……”当着她朋友的面，我大声地训斥了小语。

她的几个同学面面相觑，不敢说话。小语也着急了，说：“妈妈，你能不能等我朋友走了再批评我啊？！”

我没理她，她的朋友便都急急地穿好鞋，准备离开。小语却也穿戴好，拿起书包和那几个孩子一起走了。晚上我才知道她去了婆婆家，还说不想再回家。

小语走了之后，我也开始反思自己刚才的行为，不但让小语没面子，她的朋友也下不了台。我本来可以原谅孩子，和气地和孩子讲道理的。

一周的时间，小语都没再回家，和我的关系弄得很僵。这件事确实是我不对，我去了婆婆家，主动向小语道歉，并且真诚地邀请她的朋友再来家里玩。

站在孩子的立场去尊重孩子的朋友，会有益于孩子产生和形成一种自尊。具有这种情感的孩子，在人际关系上，既能尊重自我又能尊重他人，所以他们也能得到别人的尊重，也就会拥有更多的朋友。

别让孩子交上坏朋友

我常常对小语和小松说，好朋友是他们人生路上必不可少的精神寄托，会帮助他们更进步；而坏朋友，则会把他们带坏，是要坚决拒绝的。总之，我希望他们慎重择友。

一直以来，我对小语还是比较放心的，她身边的朋友，多是积极上进的孩子；可是小松就有些让我担心了。只要有人和他做朋友，他便全部接受，一点儿也不考虑善恶。

小松上了初中之后，我便开始给他零花钱了，所以有时候中午，他就不回家吃饭了。一次，我路过他们学校外面的小餐馆，看到的一幕让我很吃惊：几个孩子面前摆着喝完的啤酒瓶，更让我接受不了的是小松在吸烟。

这是不良嗜好，一旦上瘾，就是一辈子的事了。小松还那么小，不把心思用在学习上，竟然做起了这样的事情。我看得出，小松是刚学抽烟，因为他每抽一口，都会咳嗽。

我有点悲哀，觉得这是我教育的失败。后来，我才发现，小松身边那几个孩子都在吸烟。我宁可相信是小松受到了别人的怂恿。

知道他抽烟喝酒后，我非常着急，也不敢告诉老公。老公的暴脾气，知道了肯定会打他。那天晚上，我就决定要和小松好好谈谈。

我一下班便往家里赶，在路上正好遇见小松班上的一个孩子，她见我，便说："阿姨，陶小松借了我20元钱，到现在还没还我呢。"

我替小松还了钱，如果小松当时在我身边，我肯定会打他。

可是我还是控制住自己的情绪，但是教育是势在必行了。

“小松，妈妈见你吸烟喝酒了，你怎么和我解释？”我开门见山地说。

“是的。我觉得很酷。”小松不以为意地说。

“你为什么不和班上那些学习好、品德优秀的人交朋友啊？你学会抽烟喝酒，对你的身体有危害，还会影响学习，这不是你这个年纪的孩子该做的。妈妈今天帮你还小翠的钱了。如果以后再有这样的情况，我直接告诉你老师，还要告诉你爸爸，你自己好好想想吧。”

小松也不是不懂事的孩子，听了我严肃的批评，他真的和那些坏孩子“决裂”了。我又看见那个单纯、健康的小松了。

许多恶习，寻找模仿源，竟然是一些坏朋友。正确健康的友谊观，能让父母更安心。恶友，一定要早日让孩子与之隔离。

孩子应该有自己的知己

“近朱者赤，近墨者黑”，你肯定希望自己的孩子能和好孩子交朋友，在良好的朋友圈子里能学到更多的东西。必要的时候，你要引导孩子学会如何交朋友，如何看到别人的优点，广结良友。

一天，小松急匆匆地说要去广场上学跳街舞。

“你什么时候想学街舞了？”我觉得这是丰富小松生活的好方式，便很有兴趣地问他。

“妈妈，我是受我朋友的影响，他们都学了一段时间了，现在鼓励我也学呢。”小松说。

小松的朋友，一个叫小岳，一个叫东方。两人学了很久了，他俩在广场上跳，被小松看中了，一心要交这两个朋友。那一段时间，小松进门，都是跳着进来的，虽然舞姿不敢恭维，但是孩子自己决定的事情，我也没说什么。

奇怪的是，学跳街舞之后，小松对生活也变得积极了，不再睡懒觉，还学会帮我做简单的家务了。后来我知道，他是受了他那两个朋友的影响。

小松经常在我面前提到那两个孩子，说他们跳得很棒，很多人都拜他们为师呢。他还说，小岳不仅跳舞好，还很乐于助人，那天见有个孩子学街舞时不小心受伤了，是他背那个孩子去的医院。东方更优秀，在年级里学习数一数二……

这可真是不容易，一向觉得自己很优秀的小松也开始夸别人了，还说要向他们学习，这让我高兴不已。

有一次，我见到这两个孩子，发现他们非常懂礼貌，回家后，我就直夸这一点。小松的个性，有点粗枝大叶的，常常忽略了礼节。我积极地暗示，小松也上了心，竟然跟着学起来。那一段时间，小松的口中，礼貌用语明显多了。

我跟他开玩笑说：“你这两个朋友，还交得挺值得，你学到了不少好东西呢。”

孩子在与人交往中，用心观察，会发现每个人身上都有各种优点。模仿、学习朋友的优点，是更自然、更有成效的事。

三人行，真的有老师，有好东西可以学。孩子交到好朋友，我们应该支持。有机会，我们还要鼓励孩子，多学习朋友身上的优点，不断地进步。

多为孩子创造交友的机会

有一次，我要去参加一个青少年心理咨询活动，把小语也带去了。

许多家长带着孩子过来了，活动室里很热闹。有人问我，那个小女孩是我女儿吗，我点头说是。

这时，我发现小语会赶紧低头。她一直在我后面，安静地玩着。有人主动和她说话，她会小心地回答。

小语的表现，让我觉得，她可能是怕陌生的环境。平时在家里，在学校里，在朋友中，她是很活跃的。今天这个环境，她是第一次接触，很拘谨。

“这儿好不好玩？”休息时间，我问小语。

“一点儿也不好玩，那么多人，我都不认识。”小语边摇头边说。

“这里有好多小朋友，你可以去和他们打个招呼，那就认识了啊，你就可以和他们玩呀。”

“我怕。”小语说出了心里的想法。

“不用怕，你看你喜欢和谁玩，就主动过去找他玩。妈妈相信，很多孩子都喜欢和你玩的，因为你是这么可爱的一个孩子。”

小语向四周看了一眼，觉得有个小女孩，挺有意思的。我看出了她的意思。

“那你就去找她玩吧，肯定会有收获的。”

小语走了过去，问她在玩什么，那个玩具怎么玩。那个女孩拉着小语一起玩了。不一会儿，两个孩子相互介绍起来。不到五分钟，她俩就聊开了，到最后，上厕所都要一起牵着手去。

事后，小语跟我说：“妈妈，原来，不认识的人也能做朋友。”我笑了，小语在陌生环境中，学会了交朋友。当然，陌生环境中也有很多危险。这些问题，我会在以后的生活中慢慢地告诉她。

在陌生的环境中，孩子也能迅速融入环境，是一种重要的生存能力。孩子乐于交友，就能在任何场合拓展自己的人脉圈。社会中的人，多是开放状态的，你愿意去接近，就能多一份友谊。人际沟通中受欢迎的人，正是善于开启沟通渠道的人。

亲子感悟

童年的友谊，是人珍藏一生的宝贵回忆。没有朋友的童年，是孤寂、落寞的童年。朋友，一路伴随着孩子成长。有一群好朋友相伴，是孩子人生的财富。善于结交好朋友，做朋友圈中受欢迎的人，孩子的人生会更成功。童年期，交什么朋友，如何交友，奠定了孩子的友谊观。父母能引导的，正是培养他正确的友谊观。

放开双手，让孩子早日独立

很多时候，孩子并不是像你所想的那样懒惰，只是缺少机会，还没发现属于自己的空间。一旦你给他自己做事的机会，你平时没有发现的孩子的优点就会显现出来。

你“懒”点，孩子就会变勤快

一个周末的晚上，只有我和小语在家里。她在看电视，都十点多了，她还是玩性很浓，盯着电视看个不停，我让她早点去睡觉，她总是说十分钟，可好几个十分钟过去了，她还是没有去睡。

如果不是在周末，我一定会强行关闭电视的。可是周末，我也不能强制要求她去睡觉。以前都是我和她一起洗漱睡觉的，这次我决定不等她了，我洗漱完之后就去睡觉了。因为她在客厅看电视，我没有办法打扫卫生了。

“那我就偷一次懒，不打扫了吧。”我对自己这样说。

我睡醒一觉，突然想到小语自己看电视到很晚，她去睡觉的时候是不是把电视关了，是不是洗漱了？我起身去客厅看，结果让我大吃一惊：电视机关上了，沙发上的零食袋被收起来了，沙发靠垫整整齐齐地摆着，茶几上干干净净，地板也用拖布拖过了。

我走到卫生间，见到我的牙缸牙刷整齐地放在洗漱台上，毛巾也有序地摆在架子上，我在平时做得还没有如此到位。想到这里的时候，我突然意识到：之前觉得孩子懒，也怕她做不好，所以洗漱这样的事情都是亲自监督，现在看来，是没给孩子机会。

走到小语房间，看着熟睡的她，我似乎懂得了为人父母的新道理：学着懒一点，孩子就会勤快很多，不要剥夺孩子独立生活和享受生活的权利，给孩子独立成长的机会。

很多时候，孩子并不是像你所想的那样懒惰，只是缺少机会，还没发现属于自己的空间。一旦你给他自己做事的机会，平时没有发现的孩子的优点就会显现出来。

帮孩子摆脱依赖思想

独立的行为是靠独立的思想来支撑的。歌德说过：“谁不能主宰自己，谁将永远是个奴隶。”你要认识到独立的思想对于孩子的重要性，从而在教育孩子的时候更有方向感。

小时候，小松身边同龄的孩子都苦于没有伙伴玩，但是小松有个和他年龄差不多的堂哥。孩子有玩伴，本来是高兴的事，可是，这也带来了一些让我头痛的事情。

乐斌是个调皮的孩子，特别是他爱说脏话，哥哥嫂子对此也没有经常教育他。只要他在我面前说脏话，我都会用心教育他，可是效果甚微。可小松喜欢学哥哥，特别是他的坏习惯。

“妈妈，我不要你了。”说着，小松还拿手打我。

“怎么了？”小松突然冒出这么一句没头没尾的话，让我有些生气。

“是哥哥让我这样做的。”小松嬉皮笑脸地对我说。这让我大伤脑筋。

后来一次，小松开始骂人，骂人的样子和他哥哥几乎一样。小松在这种事情上根本就没有自己独立的思想，而是乐斌怎么说怎么做，他就学着怎么说怎么做。小松已经读幼儿园大班了，这样下去，进入小学之后更不好教育。

一次，乐斌来我家里玩，看到小松玩枪没有他玩得好，他便说：“你这个笨蛋。”

我走到乐斌面前，温和地对他说：“乐斌，你是哥哥，哥哥应该给弟弟做好榜样啊。姑姑上次不是教你们念《弟子规》了吗，你应该带头做到，那样你才是你弟弟心中的‘大英雄’啊。你说是吗？”

“嗯，我也是跟着别的孩子学的。以后我要做弟弟的榜样，不再说脏话了。姑姑，你来监督我吧。”

小松也在旁边，我说：“让你弟弟来监督你吧。”小松开心地接受了这个任务。我知道，两个孩子的思想会越来越独立，成为让人喜欢的孩子。

鼓励孩子独立做事

不少父母觉得，孩子小，能不能自己做事并不重要，这种观念是不对的。这样只会培养出“高分低能”的孩子，将来走上社会，是难以适应社会发展的。

小语读三年级的时候，就在姑姑陶琳的“熏陶”下，懂得追求时尚。以前都是每周换两次衣服，现在换衣服的频率明显比以前增多了。这下，我洗衣服的负担就加重了。

又有一次，我刚要洗衣服，小语就拿着自己需要洗的衣服要我给她洗。我灵机一动，对她说：“小语，妈妈工作很忙，你已经10岁了，也应该学着帮妈妈分担一些家务了，以后你的衣服你自己洗吧。如果你不洗，就只能穿脏的了。”

没想到，这个孩子还很聪明，衣服她穿脏了就换另一套，都穿过一遍了，她在那些已经穿过的中间挑选比较干净的。宁愿穿脏的，她也不肯洗。

一周过去了，我发现小语卧室里扔得到处是她的脏衣服，我很严厉地批评了她。小语只好自己去洗了。

我教她如何放水，放多少洗衣粉，哪些衣服不能一起洗，哪些衣服洗完之后不要拧干……她学得还很认真。

“妈妈，洗衣粉的泡泡真好看，你看，还有很多颜色呢。”她举着自己的小手向我炫耀。说着，她还嘟起嘴，把泡泡吹得满阳台都是。

“小语就是个聪明和勤快的孩子，洗得真干净。”我这样夸小语。

当她真正自己洗衣服的时候，才发现洗衣服并没有她想象的那么难。她喜欢上了漂亮的洗衣服泡泡，还喜欢上了看着自己洗的干净衣服的成就感。从那次之后，她不仅学会了洗衣服，还喜欢上了帮我做家务。

当孩子独立做事之后，你要懂得适时地表扬和鼓励孩子，还要认识到孩子做家务不仅是独立的体现，还培养了他们热爱劳动的精神，帮助你减轻了劳动。在你的赏识中，孩子会获得良好的情感体验，也就会增加独立做事的兴趣，教育的目的也就达到了。

告诉孩子基本的安全知识

“身体发肤，受之父母。”孩子对于每个家庭来说有不同寻常的意义，对于家庭的完整有至关重要的作用。你要给孩子讲解生命的过程，让孩子知道生命来之不易。孩子知道了生命的意义，就会自觉珍惜自己的生命，学会保护自己。

这是一件发生在朋友家孩子身上的事情。

他的儿子圣凯是个勇敢的孩子，放学后经常自己回家。回家要经过一条人少车少的路，以前从来没有出现过什么状况，可朋友夫妻俩并没有因此放松对他的教育，经常给他讲一些回家路上应该注意的安全知识。

这天在回家的路上，他被几个小混混勒索，让他交出自己的钱。但是看圣凯身上的钱很少，他们就要求圣凯给家里打电话拿钱，才能放他走。

圣凯灵机一动，说自己有银行卡，可以去银行取钱，那些人相信了圣凯。圣凯在窗口办理业务的时候，抓住机会给工作人员写了张字条："那几个人是坏人，帮我打110。"圣凯对他们说要等待办理，于是他们在一边等着。没过多久，几个警察进来了，圣凯顺利地脱险。

如果没有朋友对孩子的安全教育，可能孩子当时会手忙脚乱，基本的人身安全都会受到威胁。这是谁都不愿意看见的事情。

亲子感悟

孩子的各种性格和习惯都是在生活中慢慢养成的，只有学会独立，孩子才会成为生活中的强者。现在社会分工明确，缺乏独立感的孩子是没有立足之地的。你有责任和义务帮助孩子早日摆脱依赖心理，让孩子不怕吃苦，放手，让孩子独立活动。

培养孩子的责任感

让孩子自己感受到冷的时候学会穿衣服，你也不要替孩子整理书架，而要让孩子按照自己的习惯摆放书籍。从这些小事入手，孩子会变得更有责任感，他也会觉得生活是他自己的。

让孩子对自己负责

小语周末去参加美术培训的时候经常会忘了带东西，不是忘了带画纸，就是忘了拿颜料，每次都是给我打电话让我给她送去。

为此，我跟她说了很多次，自己的事情自己负责。小语每次都答应得很好，但是第二次还是犯同样的错误。

那次小语出门前，我特意让她检查一下自己的东西带全了吗，她说带全了。可是到地方后，她才发现自己没拿素描纸，打电话让我给她送过去。我很和蔼但是坚决地拒绝了小语的要求。在这之后，小语真的很少再丢三落四了。

天气变冷的时候，你不要先对孩子说“该穿厚衣服了”，而要让孩子自己感受到冷的时候学会穿衣服；你也不要替孩子整理书架，而要让孩子按照自己的习惯摆放书籍。从这些小事入手，孩子会变得更有责任感，他也会觉得生活是他自己的。

不要忽视榜样的力量

你是孩子模仿的对象，要做到对家庭成员尽职尽责，才能让孩子在潜移默化中具有较强的责任感。

一次，同事王凡带孩子来我家做客，其间因为孩子和小松闹了点小别扭，我为了缓和孩子的矛盾，说亲自给他们做西饼。正在气头上的那个孩子赌气地说："我不吃。"

尽管王凡没有责怪孩子没有礼貌，可孩子的那句话还是被她记在心里了。

等我将漂亮的西饼拿上来的时候，那个孩子有点迫不及待地说："阿姨，我想吃。"

我很开心孩子喜欢吃，于是端到孩子面前，让他尝尝。没想到，王凡却制止了孩子的行为："不行，你说过你不吃的，现在你要对你的话负责。"

虽然看着孩子很期待吃，但王凡并没有心软，她坚持不让孩子吃。看到她的态度如此坚决，我也不好再说什么，但是这件事情对我的启发很大。我相信通过这件事情，那个孩子会受到深刻的教育。

王凡就是对孩子负责的人。其实，只有负责任的你才能教育出负责任的孩子，你要把自己的责任感传递给孩子，让孩子懂得责任感的重要性并认真履行自己的责任。

孩子做错了，让他自己承担后果

你对孩子的爱使孩子没有机会就某件事做出负责的行为，他们能做的就是按着你的命令去执行。只有给孩子负责任的机会，孩子才能知道什么是责任，怎么对自己的行为负责。因此，你不要替孩子承担责任，也不要为孩子推脱责任，给孩子自己负责的机会。

小语吃饭的时候不用心，经常一边吃一边逗家里的小狗玩。为此，我批评过她好几次了，可是她都不往心里去。

今天吃饭时，她又拿着菜逗着小狗，没想到小狗跳起来的时候不小心撞到了盘子，小语没拿稳，盘子立刻被摔碎了。小语看着碎片说：“你们看见的啊，不是我的错。”

我觉得该培养孩子的责任感了，于是让她回到自己的书房，让她反省一下。后来，我又问她：“你有错吗？”

“是我的错，我不该在吃饭的时候逗小狗的。”她不敢直视我的眼睛。

看到孩子承认自己的错误了，我继续说道：“盘子碎了是你的责任，你也认识到了，那你就必须为你的错误承担责任，你把你的零花钱拿出来一些买新的盘子。”小语同意了。

赋予孩子一定责任

孩子的责任心不是一下子就养成的，更多的时候，它是在生活中自觉形成的，这也侧面对孩子的孝心、善良等基本品质提出了一些要求。

这里有个例子，就是因为一个孩子的孝心滋生了他无穷的责任感，并且激励他取得很大成就。

凯·西格巴恩是瑞典物理学家。12岁那年，他的妈妈因为过度劳累病倒了。为了节约开支，她没有去医院治疗，只是买了药在家治疗。妈妈病得很厉害，躺在床上什么也不能干了。父亲为了给妈妈治病，外出打工了。

家里只剩下妈妈和西格巴恩两个人。为了让妈妈安心养病，西格巴恩主动承担了家里的所有家务。尽管只有12岁，他每天要洗衣做饭，给妈妈喂药。

一般情况下，他都没有吃饭的时间，只能在上学的路上解决吃饭问题。这样的时候让西格巴恩觉得很累，但是一想到照顾妈妈是自己的责任，他暗暗鼓励自己：顶住，一定要顶住，要照顾好妈妈，也不能落下功课。

每天做完家务，照顾完妈妈都已经是深夜了，他还要学习，在妈妈面前，他从来没有表现出劳累。妈妈看到责任感如此强烈的孩子，非常欣慰。

1981年，西格巴恩获得了诺贝尔物理学奖。

凯·西格巴恩的孝心促使他责任感的产生，家庭责任感升华成社会责任，最终成为对社会有用的人。可见责任心是孩子立足于社会、获得事业成功至关重要的品质。

亲子感悟

孩子的责任心不是与生俱来的，而是在生活各个细节中渗透形成的。独生子女，终究会成为责任人，这种角色转换会带来很多社会问题。孩子自己可以做的事情就让他自己去做；孩子做错了事情，就要让他承认，不要让他在别人身上找原因。这是培养孩子责任心的好办法。

慎重对待孩子的兴趣

生活中，孩子肯定会有不良兴趣。这些坏念头，不能被姑息，一定要积极地改正。一种方法失效了，要更改策略，直到生效。

入迷了，这样玩真有意思

有一天，小语拿起弟弟的玩具手枪，这是能射子弹的那种，有一个能粘住子弹的靶盘。最初，是小松一直在玩，小语出于好奇，射了几次。这几次，她的得分都很高。小松见了，直嚷着要姐姐教他。

小语又练习了几次，她在拿枪时，特别冷静，会瞄准了再射。小松则不同，小松喜欢乱射一气，只图打个痛快。小语教弟弟玩，可弟弟就是不得要领，小语便独自玩了起来。这一玩，她就上瘾了，不到一上午，在玩具靶盘上，她能打出好多十环来。

老公知道后，也试了几次，爱好运动的他，也只能和小语射成平手。小语见状，对射击更加痴迷，一回家就腻在了那里射击。小语还一直嚷着，这个真好玩。射击需要心态好，能静得下来，稳定是最关键的，小语在这上面，的确有性格优势。

我们都很鼓励她，连老公也大力支持，这种支持让小语的兴趣更浓厚了。

我特别喜欢看孩子“入迷”，任何一种入迷，都是孩子兴趣的体现。可以说，“入迷”现象是一座宝藏，会挖掘的父母能挖出孩子金灿灿的人生。无论是小语或小松，他们为任何事“入迷”后，我从不轻易打扰。我允许他们玩，尽情地玩，我呵护这种宝贵的兴趣。

孩子有兴趣，表明他在积极地探索人生，在寻求自己的潜能和价值。

找出兴趣后的“宝藏”

保护兴趣是第一步，第二步是寻找强项智能，这是一个发现之旅。

自从发现小语入迷地玩射击，我劝老公，让她尝试真正的射击。老公是开健身房的，他的朋友中，有人办射击班。虽然是一种游戏，但也能提高射击技能。小语尝试的，是射箭。这种古代的射击训练，让小语一接触就喜欢上了。

训练馆中有儿童区，根据儿童的臂力，专门设计了小型弓箭。教练先教要领，然后学员进行训练。小语在掌握要领后，她冷静、镇定的优势就发挥出来了。小学员组中，她的成绩一直遥遥领先。朋友见了老公，都直夸他女儿有天赋。老公听后，更加支持小语去学。

自从练射击后，小语的定力更足了，她行动果决，思维清晰，抗干扰能力一流。这些能力都是小语心理素质提升的表现。这也是射击带给她的，运动能改变一个人的思维习惯。一个喜欢运动的人，总会在思维能力上有各种突出的强项。

小语喜欢绘画，这培养了她的专注力，让她能够静下来，充分发挥想象力。练习射击后，小语绘画时，也更容易沉静了。有时候，她在画室里，一待就是两三个小时。这种定力是孩子中少有的。这两项活动，相辅相成，共同提升小语的能力。

喜欢的东西，就一直学下去

最初，我发现，小语喜欢绘画。我支持她去学，有困难也鼓励她坚持，一直到现在，她都是绘画班上的尖子生。

偶尔，小语也会跟我倾诉，说她很喜欢绘画。我总会劝慰她，如果喜欢，就一直学下去吧，别犹豫，别停下来。美术学习，如果不感兴趣，就会觉得枯燥、单调，越到后面，越会觉得无聊。这也是在强迫状态下，孩子学不好美术的原因。

学习这件事，只要多了“喜欢”二字，一切都轻松丰富、多姿多彩了。小语因为“喜欢”，学起美术来，从不喊累。她只是在找不到方向，跟不上进度时，才会有受挫感。但是，她学习美术的热情一直很高。

孩子在自觉地学，是我最高兴的事。一路上，我一直在鼓励她坚持，鼓励她一直走下去。我相信，我的支持和信赖也是小语学习的动力源。在学习过程中，小语有挫败感了，我会特别关注，我会讲讲她曾经的荣誉，相信她能赶上去。其实，我只是帮她排解了负面情绪。

坚持学，有一个好处，就是能把兴趣变成特长。小语出于兴趣，学习美术，坚持了三年后，我们都发现，美术成了小语的特长。小语的作品，常常被美术班或学校的老师夸奖。好多同学也羡慕，觉得小语真厉害。

其实小语并不是厉害，她只是有兴趣，然后坚持学。这两点，让小语变得厉害了。

这是坏念头，我们不要

孩子入迷的，除了好事，也有坏事。好多不好的习惯，孩子们也入迷。有时候，我会非常头痛。

小语喜欢拖拉，早晨不愿起床。小松不讲卫生，常常乱扔物品。这两个孩子，对此还非常痴迷。每天早晨，我都会喊：“小语，别睡了，快迟到啦。小松，别把湿毛巾搭在椅子上。”我发现，我的方法失灵了，一直都没效。我的念叨成了两个孩子的耳边风。

贪睡和不讲卫生，都是坏习惯，又是孩子的常见毛病。孩子们都这样，不这样的，倒是少数和例外。我这个妈妈，就算一再强调，也难移除痼疾呀。小语的课程紧，睡眠很紧张，这点我也心疼，但又无能为力。

后来，我和小语商议，以后，把时间往后推15分钟。这样一来，她可以多睡一会儿，这段时间，我一点也不催她。但是，15分钟后，闹钟一响，她得马上起来，不能拖拉。小语同意了。第二天，闹钟一响，小语迅速起床了。她知道，少了15分钟，慢不得。

看着麻利的女儿，我的建议生效了。这样，小语也高兴，因为她每天多了15分钟的睡眠时间，没有我唠叨声的15分钟。

一旦成为习惯后，小语再也没有赖床的坏念头了。但是，小松的事，我还是没有头绪。我曾建议他干家务，体味劳动的辛苦、乱放东西的不便。小松改了几天，可一兴奋，他又原形毕露了。两个孩子，一个成功，一个失败。

生活中，孩子肯定会有不良兴趣。这些坏念头，不能被姑息，一定要积极地改正。一种方法失效了，要更改策略，直到生效。

亲子感悟

孩子的兴趣，反映了孩子的个性及爱好。兴趣有好有坏，要两面对待。一些积极健康的兴趣，是一座宝藏，要善于开掘，把它变成孩子的财富。一些消极的兴趣，也要陈明利弊，积极地正面引导。我们用激励、赞赏、鼓励，将孩子从泥潭中拔出来，给孩子更好的习惯个性。如果一种方法不行，我们可尝试下一种，直到孩子真正被触动，愿意被改变。

善解人意的孩子更受欢迎

孩子的心灵就像一张纸，看我们父母如何在上面描绘。善良是孩子心灵中弹奏出的最美妙动听的音乐。我们不要让一些污点沾染上这张白纸，培养孩子的善良之心，让他们能够感受到来自身边的爱。

激发孩子灵魂里的善良

曾经看过这样一则报道：

一对夫妻，带孩子路过一汪水，里面有只正在挣扎的蝎子，爸爸就伸手想把蝎子救出来，结果他一伸手那只蝎子就狠狠地蜇了他一下，被蜇得很疼，他就下意识地松开手。

可蝎子又掉进水里去了，继续在里面挣扎；爸爸一看又不自觉地伸出手去救它，可是那只蝎子又狠狠地蜇了他……

孩子一直在关注着他，暗自嘲笑父亲的行为，他着急地说："爸爸，它都蜇你两次了，你怎么还救它啊？这不是傻吗？"

爸爸回答孩子说："我当然还要救它啊，因为我知道蜇人是蝎子的天性，这很正常。可是我的天性是爱人，所以，我不能因为蝎子蜇人的天性而放弃我爱人的天性啊。"

孩子好像很受启发。

那位爸爸继续履行他作为人的天性，也许他相信蝎子也会变得善良。爸爸的行为给孩子上了很好的一课。

这让我想起家里前段时间发生的一件事情。

楼下的邻居来我家，让我帮他的孩子补习一下写作。本来这种事情，我是很愿意效劳的，可是因为他很不讲理，一次我家里洗手间里的水不小心漏到他们家了，我找专门的装修公司把他家屋顶给修了一下，可是他还是不依不饶。

后来我还是向他支付了一些钱才得以平息他的怒火。所以，今天他上门要求我给他孩子做补习，我心里很纠结。当时，小语和小松也都在家里。

考虑到我和他之间的小瓜葛和他的孩子是没有关系的，于是，我答应他，好好给他孩子补一下作文。他自然是十分感谢。

他走后，小松问我："妈妈，你以前不是说以后不要和这样的人来往吗？现在怎么答应他了啊？"

我笑着对他说："妈妈当时也是生气才会说那样的话。他的孩子和我是没有矛盾的，我和他的矛盾也不应该延续到孩子身上。正好借这个机会好好缓和一下邻里之间的关系呢。"

"妈妈，你真好。"小松也许找不到别的合适的词语来形容我，但是我觉得孩子也会像我一样好，与人为善。

让孩子感受身边的爱

人品是培养出来的，特别是在孩子小时候，对其进行人品的教育会让他们终身受益。

孩子的心灵就像一张纸，看我们父母如何在上面描绘。善良是孩子心灵中弹奏出的最美妙动听的音乐。我们不要让一些污点沾染上这张白纸，培养孩子的善良之心，让他们能够感受到来自身边的爱。

一天在我下班路上，见到几个男孩正在用一个烟头烫一只流浪狗，小狗疼得哇哇直叫。我在那群人后面见到了小松的身影。

小松看到后，可能觉得特别有意思，就围在人群中起哄。他站在那几个人围的圈子外，说："你们可以用烟头烧它的尾巴啊，这样狗毛就能烧着了，它肯定会乱窜，到时候就有好戏看了。"

那几个男孩一听，显然觉得小松的提议不错，有个孩子就试着用烟头去烧小狗的尾巴。小狗疼得没有办法，也不知道该怎么办，真的像小松说的那样到处乱窜。

小狗刚好跑到刚才用烟头烧它的毛的那个孩子身边，他想用脚去踢它一脚。他刚抬起脚，小狗却不知道是哪儿来的力气，一口就咬了上去。

大家见状，赶忙散开了，剩下那个孩子一个人在那里哭泣。等我找小松的时候，才发现小松也不知道在什么时候跑开了。

我赶忙带那个孩子去医院注射了疫苗，还给他的家长打了电话，顺便把我看到的告诉了那个孩子的妈妈，希望她可以教育一下孩子。

回家之后，我问小松这件事情，他还没有意识到自己的错误。

"小松，不对身边的动物心存善念，就会遭到报应。你看，那个孩子就被狗咬了，疼痛不说，如果不及时注射疫苗，还可能会有生命危险。幸亏妈妈当时看见了，及时把他送到医院了。"

"妈妈……"小松吞吞吐吐地说，"你是不是知道那个坏主意是我出的啊？"说这话的时候，小松已经表现出愧疚和自责。

"如果是别人对你出坏主意，你是不是会很难过？你心里会不会很不是滋味？所以，对待身边的人和物都不能心存恶意，这是你快乐生活的前提。"

"妈妈，我以后不做那样的坏事了。"小松羞愧地说道，我就暂且信了他吧。

呵护孩子的同情心

养小动物能够让孩子的心思更细腻，也更加富有同情心，会关心人，体贴人，是个呵护和激发孩子同情心的好机会。

小语说话还不清楚的时候，见到小猫小狗，就会说："我要，我要……"并且很奇怪，爱哭的小语看见这些小动物，就会变得格外乖巧。

等小语会说成句的话了，她就会说："妈妈，我要养小狗。"

她大点了，我和老公就给她买了一只小西洋犬回来让她养。在给她买之前，我们已经带她去卖狗的地方学习过好几次，她也懂得了基本的照顾小狗的常识。

小语对小狗特别照顾，每天放学回家第一件事就是看看它好不好，是不是需要喂食和喂水了。

有一天小狗生病了，吃完东西之后就闹肚子。看着一直叫个不停的小狗，小语着急得眼泪都掉下来了。

我一下班，她便拉着我去动物医院给小狗看病。直到小狗重新活蹦乱跳，小语的脸上才露出笑容。

在这件事情之后，我就知道小语是个很有同情心、善良的孩子。接下来，我引导小语在生活中也变得善良。

有一次，我在家里打扫卫生，擦窗户的时候一不小心从窗台上掉下来了，摔了个趔趄。

"妈妈，你真笨。"小语不但没有过来问问我是不是摔疼了，反而咯咯地笑了。

"小语，妈妈很疼。你过来扶起妈妈吧。"我装作很疼的样子，想让小语帮我一把。小语收起了脸上的笑容，赶忙问我："妈妈，你怎么那么不小心啊？我该在下面接着你的。"

小语用小手摸着我的手捂着的腿，还像我之前在她受伤之后轻轻帮她吹的样子，嘟起小嘴给我吹了起来。

"小语，不仅仅要在妈妈需要帮助的时候给予帮助，在别人受伤之后，也要及时给予帮助，这是一个人善良的表现。只有这样，在你遇到困难的时候才会有人给你帮助。”

后来仅仅一周的时间，小语回家便对我说：“妈妈，你把上次放起来的那个书包给我找出来吧。”

“怎么，新书包不能用了？”

“不是。今天老师给我们看山区孩子的照片了，我就想把我的那个书包捐给那边的孩子。”小语很郑重地对我说。

看见如此有爱心的小语，我也很高兴，把那个书包和家里的课外书都交给小语，让她拿给老师。

鼓励孩子的善良行为

曾经收到过这样一封邮件：

我家孩子陈凡今年6岁了，因为他姐姐在出生后不到一个月就生病离开人世了，所以我们对他——家里的独生子疼爱有加。

在全家人的疼爱下，陈凡养成了唯我独尊的性格，特别是他很自私，做事根本不考虑别人的感受。中午，老公在卧室休息，他在客厅里看动画片，声音开得很大。我对他说，爸爸下午要上班，需要休息，可是，他哪里听得进去，还是在那里看电视。

晚上我下班回家时，想让他帮我拿一下拖鞋，他竟然嫌我的脚臭，不给我拿。

李老师，知道您有两个可爱的孩子，所以我想请教一下，您家孩子有没有这样的情况？您觉得我该怎么办啊？

我回复道：

我家孩子也有过那样的状况。我的方法是抓住一切机会来教育他，使他逐渐懂得善解人意的孩子是会受到欢迎的，家里不欢迎自私的孩子。

有一次，我带小松去超市，看到超市门口有一个捐款箱，小松好奇地问我："妈妈，箱子里的那些钱是用来做什么的？"我便借机告诉他："那是用来帮助那些没有饭吃、没有书读的人的。超市里的叔叔阿姨会把这些钱给他们。"

小松听了，立即掏出身上的零花钱把它塞到箱子里，还很骄傲的样子。

我抱了一下他，说："孩子，你真是个有爱心的好孩子。"

我还告诉他："当那些需要帮助的人收到你的钱时，他们会比妈妈更开心的，他们会十分感谢你的。"

孩子体会到了善良的意义和快乐，也正是这次表扬和鼓励，使小松变了：遇到问路的人，小松会主动回答；在公交车上看到老人，他也会让座。一声声的表扬，激发了小松的爱心。

一个周末，我和老公带小松出去春游，没想到天公不作美，突然下起了雨。因为没有准备，就只有一把伞。这把伞还很小，只能容下一个人。这时候，老公将伞给了正在感冒的我和小松用。

小松问："爸爸，你为什么把伞给我和妈妈，你不怕雨淋吗？"

老公说："爸爸身体健康，不怕这点小雨。"

小松说："爸爸，你真好。"这时雨越下越大了，一把小伞根本就没法将我和小松遮住。

我有意识地把伞挪向小松的头顶。

但是，小松却对我说："妈妈，您生病了，可不能再让雨淋着，您打伞吧，我没事，因为我是男子汉。"爸爸妈妈见到这么善良的儿子，都很感动。

我还教育他在幼儿园要团结同学，学会帮助有困难的人，做个懂得仁爱的孩子。在我的教育下，孩子正践行着“仁者爱人，大爱无敌”的真理。

亲子感悟

你要告诉孩子，善良是人性中最美丽的光环。孩子就像一棵正在成长的树，只有以与人为善为根基，才会茁壮成长。如果一个孩子没有善良为伴，他就不能够给人温暖和关爱，即使他集聪明、坚强等优秀品质于一身，也不会受到别人的尊敬和社会的承认。你要在生活中教导孩子与人为善，使孩子的善良之根深深地扎下去，不断伸展。

运用挫折教育培养孩子的抗挫耐力

有意识地让孩子经历一些生活的磨难，让孩子懂得人生的道路是坎坷的，学会在挫折中接受教育，这对培养孩子的独立意识、克服困难的勇气和心理承受能力，是十分必要的。

舍得让孩子吃点苦

一次，我去一个朋友家玩，遇见了一件让我觉得很有意思的事情。我和朋友聊天，她儿子突然说："妈妈，我饿了。"

因为我给孩子买了巧克力，所以我对孩子说："你去吃巧克力吧。"说着想递给孩子。

"不行。"朋友坚决地说，还从我手上拿走。

"孩子是不是不喜欢吃？"我问朋友。

"不是，我是想让他吃苦。"

听到她的解释，我很不解，不让孩子吃巧克力就是让他吃苦？诚然，物质上让孩子感到"苦"是让孩子吃苦的一个方面，可是这并不是关键的。

小松从小就很崇拜军人，可是他的吃苦精神不够，这点他也知道。放暑假的时候，我就想把他送进"夏令营"，让他吃点苦。当然，我征求了小松的意见。

那时他还不到9岁，一想到炎热的天气里，他在外面参加锻炼，我就心疼，可我还是说服自己要舍得让他吃苦。

后来小松回家，他完全没有了往日的娇气，脸蛋被晒得黝黑。我都有些心疼，但是看见孩子的成长，还是很高兴的。

“我们每天都按时起床、叠被子、洗漱，然后到训练场锻炼……”小松兴奋地给我讲着这期间发生的事情。

最让我感到欣慰的是，小松回家之后不再那么懒了，遇见困难的事情也不再哭着寻求我的帮助了，而是先自己解决，实在解决不了再向我们求助。他的承受能力明显比以前强多了。

给孩子创设挫折情境

“有十分幸福的童年的人常有不幸的成年。”一位心理学家这样说道。这句话是不无道理的。现在的孩子生活在安逸的环境中，很少遭受挫折，表面上看来，孩子的成长是一帆风顺的，其实这对孩子的未来发展是不利的，他们进入社会后就难以适应复杂的社会。

所以，要经常在生活中为孩子创设适度的挫折情境。关于这点，我曾这样和小语交流过。

一天，我对小语说：“小语，如果你和几个同学在课堂上小声地讨论问题，老师却误以为你们在交头接耳乱讲话，并且老师没有批评其他同学，唯独批评了你，遇到这样的情况，你会有什么样的反应啊？”

这对于三年级的小语来说，是个难题。她说：“我会和老师说明情况，我还会问老师为什么不批评别人，就批评我。”说着还噘起了小嘴。

我摇了摇头，微笑着对她说：“孩子，不管怎么样，你都应该先接受老师的批评，而且你要感谢老师才对。老师对你严格要求，那是因为老师信任你，而且你是班干部，老师是希望你成为榜样啊。这是老师批评你、不批评别人的原因。”

“哦。”小语若有所思地点了点头，相信她今后遇到这种情况知道应该怎么做了。

有意识地让孩子经历一些生活的磨难，让孩子懂得人生的道路是坎坷的，学会在挫折中接受教育，这对培养孩子的独立意识、克服困难的勇气和心理承受能力是十分必要的。

教孩子面对挫折保持乐观

身为人父人母的你应该知道，每一个成功者的背后，都会有一连串的艰辛，而他们能够勇敢地面对，都是因为他们懂得用微笑乐观地面对困境和挫折。

有个孩子天生口吃，说话吐字有一些不清楚，但是他是一个非常乐观自信的孩子。当他第一次在课堂上读课文的时候，同学都忍不住笑他的发音。

没想到他却很幽默地跟大家说："看来我的目的达到了。我知道大家读书累，就给大家活跃一下气氛了。以后班上文艺会演我可以负责来讲笑话，保证效果会很好。"说这句话的时候，他的速度很慢，却是一字一字地说完了。

那时，我脑子中一个强烈的念头就是，我要见见他的父母，我相信是在父母的影响下，他才会如此自信和乐观。

初次见到他的妈妈，果然是一位幽默的人，一见面，就和我侃侃而谈。我向她表达了我对她的敬佩，她有些不好意思地对我讲了她和孩子之间的故事。

"最初，孩子不敢出门，怕别人笑话，我看见孩子也很心疼，可是孩子的路还很长，只有让他自己突破这种心理障碍，他才能坦然面对今后的事情。所以，我就想方设法地在加强锻炼他的口才的同时，增加他的幽默感。"

她接着说道："一次，我和他走在回家的路上，正好遇见一个孩子不知道因为什么事情坐在地上哭。我家孩子好心前去拉他，他一说话，那个正在哭的孩子就被逗乐了，可能是他听我家孩子说的话断断续续。我家孩子的脸接着就红了，我赶紧走过去，对他说：‘看，你的作用多大啊，小朋友都被你逗乐了。’然后他笑了。虽然我清楚那个哭泣的孩子后来笑了，可能是在嘲笑我家孩子，可我不能让他有那样的意识，所以我适时地替孩子解了围。”

我在班上注意给这个孩子表现的机会，他的乐观也感动了同学，以后，他读书大家再也没有笑过。而且文艺会演他说的笑话由于很逼真、逗趣，还为班级获得了大奖。

当孩子面临困境和打击时，如果能够学会用一种幽默的乐观心态和手法来对待，相信困境就会被孩子顺利克服。

教给孩子面对挫折的方法

小松是班上的体育尖子，这次春季运动会，他依然是班上的主力战将。他包下了400米、800米的比赛项目，第一天比赛结束之后，他对老公说：“爸爸，只要我在明天的比赛中可以夺冠，我们班级进入前三名就没有问题了。”

“爸爸相信你，儿子。”父子俩仿佛已经看见了小松的胜利。

可是第二天比赛的时候，小松夜里可能着凉了，肚子疼，刚跑过一圈，他的肚子就开始剧烈地疼了起来。他还是坚持着跑完了全程，可是却排到了倒数第二名。

这件事对小松的打击特别大，一想到老师、同学的期望，他心里就特别难过。虽说大家都原谅了他，可是他无法原谅自己。整整一个星期，他的情绪都很低落。

老公见状就主动来找他谈心，这才帮他解开了心结。

“一次失败算不了什么，你有勇气站起来才更重要。不要放弃体育，下次比赛，你还要做主力战将。”在老公的鼓励下，小松又鼓起了勇气，现在每天早晨都坚持晨练，他满心期待下次运动会的到来。

战胜挫折的方法就是正视挫折，调整好心态，以更好的状态迎接新的挑战。

教育孩子面对挫折时，坚持下去

小松7岁左右的时候，身体很弱，天气一变化，他就会发烧感冒。为此，我和老公都很担心，就想在生活中让他加强锻炼，以增强他的体质。

最初，老公每天早上带小松去跑步，先是围着小区跑，后来便是去附近一个操场跑。跑完之后，再让小松做俯卧撑。

这在老公看来是很简单的事情，可是在小松看来，却很困难。刚开始，他只能做8个，于是他就坚持做了三天，觉得自己可以做9个了，就加到了9个。

在这种速度下，他每三天就增加一个，当到了一天能做40个的时候，他觉得就已经到了自己的极限了，怎么也做不下去了。任凭我和老公如何教育他，他也不听。

“孩子，在这种时候，你要学会和自己作对。这样，之前的锻炼才不会白费，你的体质才会不断增强。你试着坚持一下，只要过了这个阶段，你就胜利了。”

“和自己作对？”小松重复道。他也觉得老公的话有道理，所以开始和自己“作对”。

在老公的帮助下，小松增强了自己手臂锻炼的其他训练方式，从各个方面来提升手臂的力量。在他的努力下，他做俯卧撑的数量又增加了，在不断的自我超越中，小松磨炼出了坚强的意志力。

“和儿子一起坚持，我和儿子的感情越来越好了。”老公略带骄傲地对我说。

其实，从中受益最多的还是小松，不仅他的身体素质变好了，而且他的意志力也得到了很大提高。

亲子感悟

每个人的一生都不会一帆风顺，孩子在成长过程中不可避免地要承受这样那样的挫折和打击。身为父母，你不应该只是竭力帮孩子逃避困难和挫折，而是应该教会孩子如何以积极乐观的心态战胜挫折。战胜挫折的能力是孩子享用一生的财富。

第五章

走出正面教养的常见误区

溺爱孩子是一种软暴力

爱孩子是你的天性。天下的父母都爱孩子，但是未必知道如何爱孩子。关键要把握的是爱的方式，是让孩子吃苦锻炼，还是对孩子溺爱？这不仅是方法问题，还是教育态度问题。

溺爱孩子=毁掉孩子

有这样一则骇人听闻的新闻：某高校的学生刘海洋用硫酸泼熊。他生活在一个单亲家庭，家里只有妈妈、姥姥和他。他刚出生时，父母就离异了。妈妈把所有心血都倾注在了他身上，一心想让他考上名牌大学，平时对他溺爱有加。

刘海洋从小就被妈妈宠爱，所有的事情都由妈妈一手包办。因为没有爸爸，所以妈妈的话他从不敢违背。妈妈怕危险不让他骑车，他就乖乖听妈妈的话。

有一次，妈妈出差，给他留下了面包和饼干，让他先吃面包，再吃饼干。后来面包都长毛了，他都不吃饼干，因为面包没有吃完。

从小到大，刘海洋应该做的事情，妈妈都帮他做了，致使刘海洋的生活能力很差。虽然上大四了，他还是要把衣服拿回家让妈妈洗，衣服的扣子扣错是常有的事情。

“娇子如害子。”如果没有他的妈妈对他的溺爱，那他就会知道很多事情不是可以随心所欲的；他的人格也不会不健全，离开家庭之后，也不会产生心理障碍或心理疾病，对自己和社会也就不会造成严重危害了。

爱孩子是你的天性。天下的父母都爱孩子，但未必知道如何爱孩子。关键要把握的是爱的方式，是让孩子吃苦锻炼，还是对孩子溺爱？这不仅是方法问题，还是教育态度问题。

不要常常当众夸孩子

当众夸孩子对激发孩子的智商有好处，但是要把握好度，因为过度地夸，会对孩子的非智力素质发展造成障碍。

我也在教育孩子的过程中犯过这样的错误。

不管是在家里还是带小语出门，我经常会在她有了一点较好的表现时对她说："宝贝，你真棒，别的孩子都和你没法比。"也会在她不肯把手中的零食分给别的孩子时，自己安慰自己说："孩子都有这个阶段。"

却没承想，这使得小语变得骄傲、任性、不合群，和我的教育目的背道而驰。

尤其是在小语进入小学之后，这种非智力因素也间接影响到了她的智力发展。

"妈妈，今天我和同学吵架了。"说话间，她还觉得吵架是件应该做的事情。

"发生什么事情了？和妈妈说说。"我问她。

"今天做课间操时，老师夸她了，说她做得好，是最棒的孩子。我觉得我是最棒的孩子。看到她那么高兴，我就很生气，最后集合的时候，我趁她不注意，就踩了她的脚。她告诉了老师，老师批评我了，同学也不爱和我玩了。这一天，我也没好好听课。"她说。

小语说的话让我有些难以相信，她的嫉妒心是我没有想到的。她下面说的一句话，更是让我的负罪感加重了。

“妈妈，你不是说我是最优秀的吗，怎么老师不这样说啊？”

是我的溺爱，让小语产生了高人一等的优越感。在她眼里，所有的人都应该给她唱赞歌，一旦别人在她面前夸别的孩子，她的心理就开始失衡，影响她的心智发展。

我开始调整自己的方式，不再事事表扬、溺爱她，而是告诉她不是所有的人都会给她拥戴。她做得好的地方，我会直接表扬她；她做得不好的地方，我也会直接给她指出来。

慢慢地，小语的性格就有所改变了，身边的朋友也多了起来。

别让生日变成“溺爱日”

“祝你生日快乐，祝你生日快乐……”楼上今天有人过生日，听着好不热闹。第二天在楼道里，我正好遇见楼上邻居。

“你家昨天有老人过生日吧？”我和她打招呼的时候顺便问了一句。因为在我的意识里，只有老人过生日的时候，时间才会持续那么长。

“哪啊，是我家的小祖宗过生日。老人都不爱过。”她解释道。

原来是给孩子过生日。在孩子生日这一天，给孩子送些礼物和祝福是很多家庭习以为常的事情，可是，这样做的意义在哪里呢？这不禁值得人思考。

清楚地记得，单位有个同事的孩子过生日，同事还大张旗鼓地请我们单位的人一起去饭店吃饭。不好拒绝，我就去了。

饭桌上，孩子的爷爷奶奶、姥姥姥爷……都到齐了。那么多大人，给一个几岁大的孩子庆祝生日，多多少少让我感到很尴尬。席间，我听见孩子的姥姥说了一句话：“我过生日的时候，蛋糕比这小多了，女儿也没这么用心。”说完还叹了口气。

切蛋糕的时候，那个孩子自己站起来，将那块最大的端到自己面前。

“把这块给你爷爷吃吧，这是你爷爷给你买的蛋糕。”

孩子的爸爸这样对孩子说。孩子接着回了爸爸一句：“今天是我的生日，你们不是说，我想干什么就干什么吗？我现在不想给爷爷吃。”说完，还在蛋糕上好几处都咬了一口。

在座的人都很尴尬，全都沉默了。现在想起来，我仍然觉得自己不该去，却又转念一想，这也给了我教育孩子时的一些思路。

孩子在家里的地位高人一等，处处受到照顾：你有好吃的会放在孩子面前，让孩子一个人享用；你可以不过生日，但是孩子不能不过，不仅要过，还要买蛋糕、买礼物；你可以不穿名牌，但是孩子吃的、穿的、用的都是名牌……

你要将孩子看成独立的个体，不要让孩子觉得自己在家里拥有特权，这样就会从思想上减少对孩子的溺爱。

别让孩子成为生活的局外人

当我看见下面这则新闻的时候，我有些吃惊，也有些遗憾。

一些中国孩子去国外留学，外国学校为他们准备了很好的宿舍，宽敞干净，每间宿舍还有个漂亮的厨房，里面的厨具、炊具一应俱全。

“好了，这里就是以后你们生活的地方了。”

可是当这些孩子看了一遍之后，几乎同时咨询同样的问题：“谁给做饭？”

外国老师面对中国的孩子，很诧异，因为在外国人看来，像他们这么大的孩子，自己做饭是再正常不过的事情了。可现在在这些中国孩子的眼中，做饭却完全和他们没有关系。

是什么让孩子成为生活中的局外人了？是你对孩子的溺爱。孩子在家里“衣来伸手、饭来张口”，使得他们失去了自己动手做事的机会，才会出现上面的一幕。

让孩子成为生活中的小主人，而不应该让他们成为生活中的局外人和旁观者。

亲子感悟

爱孩子可以帮助孩子成长，而溺爱孩子则会阻止孩子成长。孩子小的时候，对孩子的保护和干涉是应该的，但是随着孩子年龄的增长，你的溺爱只会成为孩子成长的绊脚石。所以，请停止对孩子的溺爱吧，珍惜孩子在生活中的点点滴滴主动性的表现，创造机会让孩子成长为自己生活的主人。

不要严教子宽待己

在孩子小的时候，你对孩子说一套，自己做一套，也许还可以应付过去。但孩子懂事之后，你的那一套显然就会不合时宜了。

严格要求自己，为孩子做好表率

这是发生在我家里的一件事情。

一次晚饭后，我和小语收拾好餐桌，去厨房洗餐具。老公和小松在客厅看电视。突然，厨房里传来我的声音："你怎么那么不小心，刷个盘子都刷不好，你还能做什么？"

"妈妈，姐姐的手都被划破了，你怎么还想着批评她啊？"小松埋怨我。

我承认是自己不对，盘子打破之后，我首先想到的是批评小语做事不用心，而不是询问她是否受伤。

"以后做事的时候要用心。"我边给小语贴创可贴，边对她说。

后来一次，同样是我和小语在厨房洗餐具。"啪"一声，盘子掉落在地上。

"肯定是妈妈打的。"我清楚地听见小松在客厅里和他爸爸这样说道。

"你怎么知道是你妈妈打的？"老公问他。

"因为她没有大声批评姐姐。"小松说。

小松的话让我感到很尴尬。

这让我想起了一些其他的事情。小松做作业的时候，我习惯在他身边唠叨："你的字要写得公正些。""这道题应该这样计算。"

"妈妈，我知道怎么做作业，你去忙吧。"

"我当然知道你会做作业，只是你做的作业不符合我的要求。"

后来，我和小松一起骑车去少年宫，一路上，小松说："妈妈，慢着点骑。""向左拐。"我感到很不耐烦，对他说："我知道该怎么骑，你闭嘴。"

"妈妈，那请你在我做作业的时候也闭嘴。"

可是在发生这件事情之后，我还是犯同样的错误。这一次，我郑重地向小语和小松道歉，并且让他们来监督我的行为。

你的一言一行、举手投足之间都会对孩子的成长产生影响，因此，在平时的生活中，你应该以身作则，尽量给孩子带去好的影响。

要求孩子之前，先看看你是否做到了

在生活中，我们总是希望自己的孩子可以优秀，更优秀一些，所以总是会对他们提出严格的要求，并且希望他可以完全做到，却忽视了孩子在看着自己的表现。如果你和孩子说一套，自己做另一套，那对孩子是没有说服力的。

我就犯过类似的错误。

记得有一次，单位有事，我一时着急，将一份重要的文件落在家里了。到单位之后才发现，我匆匆回家取，可我又记不起自己将文件放在哪里了。我找遍房间的每个角落，还是没找到那份文件。

后来，是在小松房间里找到了那份文件。原来是我去给小松讲故事的时候，随手把文件放在那里了，临走的时候，我忘了拿了。

没过几天，我要送小松去幼儿园的时候，他突然哭了起来，一问才知道，昨天晚上他画的画不知道放在哪里了，今天要带给老师看的。

我第一反应就是训斥小松为什么不把自己的东西放好，现在要去上学了才发现找不到了。小松边抹着眼泪，边对我说："妈妈，你怎么只知道训我啊？前几天，你的文件不也找不着了吗？"

小松的话一时让我语塞。

他说得对，我也经常会出现这样的状况，我自己都做不好，又怎么让小松学会好好整理自己的东西呢？所以，接下来的日子，我每天都将自己的东西整理好，该放在哪里的就放在哪里，后来再也没有发生过类似的事情。

说来也怪，当我对自己严格要求之后，小松在我的影响下，也知道将自己的东西放置好了，很少再出现自己的东西不知道放哪里的情况了。

处理同样的事件，应给出同样的标准

孩子的家长会，只要我时间许可，我就一定会去参加。还好，两个孩子并不是让我多操心，老师也很少会在那么多人面前点名批评他们，除了那次。

"谁是陶小松的家长？"老师在家长会之后问了这样一句。可能是很多家长都有被留下的经历，所以大家也都没太在意我。可是，这是我第一次被留下，感觉很难堪。

"老师，小松给您惹什么麻烦了？"我着急又不安地问道。

"他最近上课总是打瞌睡，我批评他，他还和我顶嘴。他一和我顶嘴，有的同学就跟着他学。你说，我的教育该怎么进行下去啊？是不是最近你家里有事情啊？以前小松不是这样的。"

"家里没有什么事情啊。"我自言自语道。

"那你回家好好和孩子交流一下吧。"

在回家的路上，我极力劝说自己：不要把现在的情绪不折不扣地展现给小松，要从多方面寻找原因。

我突然记起了最近家里经常出现的一个细节：晚饭后，我就坐在电视机前看电视剧，小松在自己屋子里不出来。莫非……

回家之后，我没有在孩子面前表现出任何异常。吃过饭后，我还是和往常一样，看起了电视。只是，我看了一会儿就站起来去了小松的房间，想看看他有没有好好做作业。

我推门而入的时候，小松正趴在书桌上，我走近一看，才知道他不是在做作业，而是在看武侠小说。老师说他上课打瞌睡估计和这个也有关系。

“小松。”我叫小松，小松吓得连忙把书压在胳膊底下。

“小松，从今天起，妈妈要和你制订一项计划：晚上九点半准时睡觉。妈妈不再看电视，你也不要再看书，好吗？”

他皱着眉头，显然是对书很痴迷，很难割舍。

“妈妈现在就把家里的遥控器给你，你来监督妈妈。你把你的书给我吧，我来监督你。咱们母子俩现在是相互监督，共同进步。”说完，我拿起了他胳膊下放着的书。

我从小松的屋子出来一会儿，就看见他屋子的灯熄灭了。

面对孩子的问题，心平气和地和孩子交流，提出严格的要求和建设性的意见，这样孩子就会有被信任感。此时你再对孩子的行为进行监督，孩子就可以接受。

亲子感悟

在孩子小的时候，你对孩子说一套，自己做一套，也许还可以应付过去。但孩子懂事之后，你的那一套显然就会不合时宜了。对孩子的严格教育不是对孩子严格要求，而是要同时严格要求自己。要想使孩子改正身上的缺点，首先要看看自己身上是否有这样的缺点。

不威胁不恐吓，不唠叨不抱怨

合格的家长不管面对什么样的孩子，都不会有意说出嘲笑的话语，做出类似的表情，同时也能够避免无意识讽刺孩子的言语行为。因为这样做除了打击孩子的上进心，不起任何作用。

不要威胁、恐吓孩子

威胁、恐吓孩子，有时候能见到效果，但与孩子受到的损害相比，不值得一提。若吓唬孩子被他识破，不仅不起效果，有可能还会加剧孩子的恶习，甚至他还会习得这种不良行为。

秋季的一天，我带着丈夫、女儿到郊外去玩。走在田间的小路上，我们都格外高兴。小语一会儿跑，一会儿跳，一会儿围着路两旁的树绕，玩得十分开心。

地里的庄稼大部分都成熟了，玉米秆累弯了腰，花生叶子被染得焦黄……

看着大片大片将要丰收的果实，我心潮澎湃，闭着眼呼吸着郊外的新鲜空气，遐想着农民又迎来一个丰收秋季的喜悦，不知不觉沉醉其中。

“小语，那些花生叶子下有毛毛虫，快回来，别碰它。”

我正闭目遐想的时候，听到丈夫吓唬小语说。睁眼看去，正见小语迅速地扔掉手中盛花生叶的袋子，飞快地从一片花生地里跑过来，躲在我的身边，拽住丈夫的衣服不撒手，脸上流露出害怕的表情。

原来，小语以前没见过花生叶子，看到它新鲜，就在路边捡了一个小塑料袋，开始揪花生叶子，准备把它带回去向小伙伴们炫耀。

丈夫认为小语那样会弄脏衣服，就多次阻止孩子，小语都没听从。最后，丈夫没有办法，他知道女儿胆小，就用毛毛虫吓唬她，结果还真达到了效果。

丈夫拍拍拽着自己衣服的女儿，脸上露出满足的神情。

但我看到这一幕场景，心里却很难受。这次郊外游玩，我原想让小语多了解一些常识，多亲近一下大自然，没想到经丈夫这一吓唬，她的兴趣没有了，对毛毛虫的恐惧心理却更强烈了，这不是我想要的结果。

孩子对从没有见过的事物，有着强烈的好奇心，很容易受其吸引走上前去。有可能这种东西会弄脏孩子的衣服，也或许会伤着孩子，等等。当你看到这种情况的时候，为了避免出现不良的结果，有可能采用恐吓的办法来使孩子退缩。

这样，虽然立竿见影地显现了效果，但孩子以后有可能就会一直抵触、害怕那种东西。

所以，任何时候，遇到这样的事情，你都应该实事求是地对孩子说明白其中的缘由，给孩子一个正确的认识。千万不能用别的东西去吓唬孩子，或者言过其实夸张事物本身的危害程度。

其实，威胁、恐吓孩子，有时候被孩子识破了，不仅他的行为会变得更加猖狂，有可能他还会反过来威胁你。

朋友李哥的儿子小东，有次因为没考好，就对妈妈撒谎说没有考试。李哥后来知道了情况，就威胁儿子说："以后再撒谎，就不要你了。"

小东听此话，一赌气跑到了我家。李哥和妻子找遍了亲戚家，都没有找到儿子的踪迹。他们后悔不该责骂儿子，担心他因此真的离家出走。

后来，我打电话通知老朋友过来，李哥给小东又是赔礼又是道歉，儿子才极其不情愿地跟着他回了家。

自从有了这次经历，小东知道爸妈并不是真的不想要自己，以后的行为比以前更加放纵了。撒谎次数不仅没减少，而且增多了。

不仅如此，小东一看父母管自己，还拿出走威胁父母。李哥夫妇虽然对儿子的这种行为十分生气，但再也不敢说出半句“不要你了”类似的话语。

威胁、恐吓孩子，有时候能见到效果，但与孩子受到的损害相比，不值得一提。若吓唬孩子被他识破，不仅不起效果，有可能还会加剧孩子的恶习，甚至他还会习得这种不良行为。

父母教育孩子，一定要绕开威胁、恐吓孩子这个陷阱。

不要嘲讽孩子

最近我比较忙，由丈夫来教小语认字、写字。

一次，丈夫教了小语学习写字后，就去做饭了。小语那次学习心不在焉，所以字写得七扭八歪。

丈夫忙完事后，去检查小语的作业，发现字迹十分潦草，就很生气，他在小语面前抖动着本子说：“你看看自己写的字，猪学了这么长时间，画得都会比你写得好！”

这话伤了小语的自尊，她的眼泪无声地流了出来。女儿怎么也想不通，爸爸怎么能拿自己与猪相比呢，而且还把自己说得不如一头猪。

吃晚饭的时候，小语很沉默，吃得也十分少，很快下桌回自己小屋了。

我发现小语情绪不对，急忙走进她的卧室，发现女儿正在默默地流泪。我把小语抱起来，问她哪里不舒服，小语扑在我怀里大哭了起来，一边哭，一边把爸爸拿猪与自己相比说了一遍。

我轻轻地拍着小语说：“爸爸那是恨铁不成钢，才这样说。我知道女儿很聪明，平时都写得不错，今天肯定有什么事情，影响了你写字的情绪，对吗？”

小语这才给我讲她在班上与小米闹矛盾了，回家后不想写字。

知道了事情真相，我安抚小语睡下，去找丈夫谈心，告诉他要想教育起效果，在任何情况下都不能嘲讽孩子。

丈夫看到小语的状况，早意识到了自己的错误，低头不语。

看到孩子不听话，做事不认真，或者身上有什么缺点、毛病，你希望孩子能够改正，把他说得一无是处，甚至拿动物与孩子相比进行嘲讽，结果不仅没有起到任何作用，还大大伤害了孩子的自尊。

不仅如此，你对孩子这样评价，他对自己的认识就会失之偏颇，有可能还会产生破罐子破摔的行为。面对孩子的错误，要先弄清楚原因，找到孩子错误产生的根源，再有针对性地解决问题，才能收到良好的效果。

不要对孩子唠叨、抱怨

合格的家长应避免误入唠叨、抱怨的陷阱之中，对孩子尽量少说教，如果一句话能说清楚，不说两句；若是用眼神、动作能暗示孩子，一句都不要讲，做个在孩子心中有威信的家长。

朋友刘娟是一个对孩子要求完美和严厉的人。有次，她送女儿云云参加一场舞蹈比赛，云云舞蹈跳得比较出色，获得了第三名。

云云很高兴，比赛结束后，拿着奖品奔向妈妈说："我跳得还不错吧，得了第三名。"

"这跳得还叫好？没有想到我这么辛苦培养你，你竟然只拿了第三名，你想想这个结果对得起我吗？一年三百六十五天，天天什么都给你准备好，又一天几趟地接你上下学，在周末还要送你去舞蹈班，牺牲了休息时间陪你训练，甚至为了你，放弃了我的工作，你竟然……"

"别抱怨了，不就是没有达到你的要求获得第一吗？若是觉得你付出的辛苦不值得，以后别再这样做好了。"

云云听不下去了，打断了妈妈的话，同时，委屈的泪水也顺流而下。小小年纪的她，顶不住妈妈所给如此大的压力，开始有了对抗的情绪，但又觉得无能为力。

刘娟开始听女儿反驳，还很生气，后来见女儿默默地流泪，心里也不是滋味，就没有再吭声，同时开始反省自己对孩子的抱怨是否对。

孩子不好好学习，或者没有达到你的要求等，你可能会因此抱怨孩子，讲述自己对他的辛苦付出，本意是想激励孩子上进，但有可能会起到相反的作用。

因为你抚养孩子的不易，他都看在眼里，再说，这也是你应尽的义务。同时，孩子也想获得好成绩，取得好名次，谁都不想落后于人。你的抱怨要么会让孩子压力增大，要么就会使他反感。

所以，好妈妈千万不要抱怨孩子，那样做百害无一利。

你最初唠叨孩子的本意，是想改变孩子。但时间久了以后，有可能你自己都没有意识到，唠叨、抱怨孩子已经成了你的一种习惯，说话没有重点，除了发泄自己的不良情绪，失去了任何意义，很难收到应有的效果。

因此，好妈妈说话要有重点，而且尽量少说，避免因发泄情绪而唠叨。

亲子感悟

你让孩子做什么事情，应该直接明了，而不是唠叨个没完，这样孩子厌烦，你的威信也因唠叨、抱怨过多而降低。好妈妈应避免误入唠叨、抱怨的陷阱之中，对孩子尽量少说教，如果一句话能讲清楚，不说两句；若是用眼神、动作能暗示孩子，一句都不要讲，做个在孩子心中有威信的家长。

让孩子学会自己惩罚自己

孩子是一张洁白无瑕的纸，在描绘的过程中肯定会出现一些“误笔”，作为父母，你该让那些“误笔”成为帮助孩子成长的“妙笔”。让孩子自己去消化问题、解决问题，承担应该属于自己的那部分责任，帮助孩子获得责任感。这不失为一种好的教育方法。

宽容地对待孩子的错误

一天，我见小语换了一个新书包，最初我还以为是她小姑陶琳给她买的，也就没在意。可是，我突然发现自己钱包里的钱少了。我把这两件事情联系起来，觉得应该是小语拿了钱包里的钱。

“小语，谁给你买的新书包啊？”我问小语。

她沉默了一会儿，抬起头说：“妈妈，是我拿你的钱买的。”

“你为什么拿妈妈钱包里的钱啊？你不经过妈妈的允许，就私自拿钱，是不对的。你是不是有什么心事啊，说出来让妈妈听听吧。”

我不忍心伤害小语的自尊心，所以相信她拿我的钱是有原因的。小语低着头说：“妈妈，我们班上很多同学都有零花钱，就我自己没有。看着她们买自己喜欢的东西，我也想买。可是你又不给，我只好拿你包里的钱了。”

“虽然妈妈工作很忙，可是给你买个新书包的时间还是有的啊。你想要零花钱，也可以告诉妈妈啊。你不说，妈妈就以为你不需要。”我有些着急地对小语说。

看来，小语知道自己的行为是不对的，她或许只是为了引起我的注意，才故意拿我钱包里的钱去买新书包。

想到孩子可能存在的这种想法，我心里便原谅小语的行为了。以后每个月，我都会给小语20元零花钱，就再也没有出现过和以前一样的情况了。

让孩子自己去面对后果

小松很喜欢小金鱼，有时候在路上遇见卖金鱼的，他也会让我买几条。见他喜欢，我便会尽量给他买。可渐渐地，我发现，尽管我总是买鱼，可家里的鱼还是在逐渐变少。

后来，无意中我发现家里的垃圾桶里躺着几条金鱼的“尸体”。家里没有小狗小猫，那估计就是小语和小松做的了。小语一直吵着鱼腥，所以我觉得也不是她做的，那就可能是小松做的。

一次，我下班后发现鱼缸里的鱼又少了一条，我还听见小松房间传来的咯咯笑的声音。我过去一看，他正拿着金鱼，看它鼓鼓的眼睛笑。

“小松，金鱼被你拿出来就要死了，活不了了。”我这样教育他，可是他对我的教育根本就听不进去，仍是我行我素。第二天，我还是在垃圾桶里发现了死去的金鱼。

没过几天，鱼缸里的金鱼就全被小松拿出来，都死了。我和老公说好了，最近这段时间不能买新的金鱼了，要用这种方法让小松意识到自己的错误。

“妈妈，你和爸爸怎么不买金鱼了啊？鱼缸里面都没有了。”

“那你知道我们为什么不买新的金鱼了吗？”

“是不是因为我把金鱼捞出来，它们都死了啊？”小松说。看来他对自己的行为还是有清楚认识的。

“你知道鱼被捞出来就会死，那你怎么还捞出来？”我很纳闷，他知道结局还要那样做。

“我只是好奇，想知道它们不喝水多长时间能死。妈妈，你们去买吧，我以后再也不把它们捞出来了。”小松说。

后来，我又买了金鱼，并且还帮小松解答了他的所有疑问。金鱼再也没有少过，他也自觉承担起了照顾金鱼的任务。

很多父母面对孩子犯错误时，都会耐不住性子，对孩子非打即骂，这样的教育方式是错误的，不利于孩子自我反省能力的养成。

别让你自己的暴躁脾气扼杀了孩子的自我反省能力。孩子有错误行为时，给孩子反省自己错误的时间，让他们对自己的行为有清楚的认识。这种时候，你最好不要将自己的价值观告诉孩子，而要善于引导孩子对自己的行为进行反思。

不理睬也可以成为惩罚孩子的方式

在我们很小的时候，应该就听过父母给我们讲列宁诚实的故事。那时候，我们只知道要向列宁学习他的诚实，殊不知，他的妈妈，也是我们为人父母者应该学习的榜样。

有一次，列宁的妈妈带着他到姑妈家中做客。列宁不小心把姑妈家的一只花瓶打碎了。姑妈问是谁打碎花瓶的时候，列宁害怕受姑妈批评，便说不是他打碎的。但是他的妈妈知道这件事情是他做的，他是那么一个爱动的孩子。

但是，当时她没有揭穿列宁，而是装出相信他的样子，一直没有提起这件事，她有意识地给列宁讲诚实守信的美德故事，等待着他能主动承认。

终于有一天晚上睡觉前，列宁哭着告诉妈妈：“我欺骗了姑妈，我说不是我打碎了花瓶，其实是我干的。”

听到孩子羞愧难受的述说，妈妈耐心地安慰他，告诉他只要向姑妈写信承认错误，姑妈就会原谅他。于是，列宁马上起床，在妈妈的帮助下，向姑妈写信承认了错误。

从此以后，列宁没有再说谎，长大以后，他还通过诚信这可贵的品质获得了人民的支持。

是列宁妈妈的沉默让他深刻地认识到了自己的错误，妈妈一直在等待着列宁向自己承认错误。列宁向妈妈承认错误的时候，他已经进行了自我反省。

我也想起了我班上一个孩子，他经常打瞌睡，身边的同学反映，他晚上玩电脑游戏到很晚。我把这件事情告诉了他的爸爸。没想到，第二天就有效果了。他上课的时候没出现瞌睡的现象，而且前一天的作业完成得也不错。

遇见他的爸爸时，我问他是用了什么教育方法。

“哪是什么教育方法，我没有批评他，只是把电脑从他屋里搬走了。聪明的孩子一看，就明白我的意思了。”

教育孩子的技巧有很多，有些事情需要热处理，趁热打铁，及时指出孩子的错误；有些事情则需要冷处理，当然，冷处理并不是不处理。

孩子是一张洁白无瑕的纸，在描绘的过程中肯定会出现一些“误笔”，作为父母，你该让那些“误笔”成为帮助孩子成长的“妙笔”。让孩子自己去消化问题、解决问题，承担应该属于自己的那部分责任，帮助孩子获得责任感。这不失为一种好的教育方法。

让孩子学会总结教训

小时候，爸爸忙着挣钱养家，很少有时间管我。我便担负起“照顾”自己的责任。在照顾自己的时候，我也从中学到了总结经验教训。

记得邻居家有个男孩涛，很崇尚武力，一遇到问题，就想用暴力解决问题。一次，我不小心把他心爱的玩具手枪掉地上了，我已经向他道歉了。

可他还是挥舞起他的拳头向我袭来。我当时的性格就像个假小子，所以我也卷起自己的袖管，想和他“一较高低”。

可是我毕竟没有他力气大，在这次争执中，他还是占了上风。他的拳头把我的脸打肿了。我当时很愤怒，走到他面前想在他胳膊上咬一口，可我还没走上前去，他就跑开了。

那晚回家之后，爸爸见到我的脸和平常不一样，不但没有安慰我，替我去教训他，还在我耳边说：“我早就给你说过了，不要在外面惹事，这下尝到苦头了吧。”

可能也是心疼我，他才说了那样的话。

后来在一次游戏中，我在涛身边跑的时候，踩了他一脚，一看他的暴躁脾气又要上来，我的脑子里飞速地想：上次他生气的时候，我们用打架的方式解决，结果我被他打了；这次，我不用打架，是不是有更好的解决方式呢？

“涛，我家里有我爸爸刚给我买的玩具手枪，你不是很喜欢手枪吗？我拿给你玩。好不好？”

“真的吗？”涛皱了皱眉头，问我。

我点点头。他脸上的气愤就烟消云散了，我带着他去我家拿手枪玩，之后，我还和他成了好朋友。

虽然“打架”并不是一件很光荣的事情，可是我在其中学到的东西却很有价值：在遭遇一次失败之后，再次遇见同样的情况，要学会总结经验，换个思路。这是我在“帮助他惩罚我自己”时的发现和领悟。

亲子感悟

对孩子的教育，表扬是主旋律，但是适当的惩罚也是应该的。孩子会犯错误，有些还是很严重的错误，这时候就要讲究惩罚的艺术了。让孩子对自己做的错事负责，比你对他负责更为有效。

不宜粗暴地对待孩子

粗暴地对待孩子是一种以问题解决问题的办法，最后除了增加问题，不会解决任何问题。当教育中出现了问题，千万不能草草了事，不要因为粗暴地对待孩子而交了教育的白卷。

不要打骂孩子

说到“打骂”孩子，我还是要做一下自我检讨。虽然我再三强调不能体罚孩子，可是在小语很小的时候，我还是体罚过她一次。

那次，她将家里的洗衣粉全部倒进加了水的盆子里，自己玩了起来，还向我炫耀泡泡有多大。我发现后，有些生气，不是心疼她浪费洗衣粉，而是责怪她弄得满屋子都是泡泡。泡泡落在地上之后，弄得很滑，这样走在上面很容易滑倒。

我生气地骂了她几句，这时，她奶奶出来替她说话：“你对孩子怎么那么凶？有话不能好好说啊？”

我将小语刚才做的事情向她奶奶解释，突然觉得不太对劲，回头时，发现小语正挥舞着小拳头，向我发起“进攻”呢。

当时，我特别生气，觉得小语一点儿也不尊重我，由于捍卫自己权威的本能，我朝她的屁股打了一下。但是，我打得不重——小语竟然龇牙咧嘴地笑了。

“你如果想打孩子，就使劲打，让她觉得疼；如果不打，就干脆一个手指头都不要碰孩子，省得你在孩子面前没了尊严。”奶奶严肃地冲我说道。

我蹲下去和小语讲道理：“洗衣粉很滑，奶奶走在地上如果滑倒了怎么办？以后别再这样做了。如果你真的喜欢吹泡泡，妈妈陪你去楼下玩，好吗？”

小语懂事地点点头。看来，还是和孩子讲道理更有效。

那天妈妈说的话一直留在我脑海中。我很感谢妈妈对我说的那句话，她让我懂得了打骂孩子是不能解决问题的，重要的是要让孩子懂道理，这才是解决问题的办法。

粗暴地对待孩子是一种以问题解决问题的办法，最后除了增加问题，不会解决任何问题。当教育中出现了问题，千万不能草草了事，不要因为粗暴地对待孩子而交了教育的白卷。

打骂会让孩子失去自我

我读初中的有段时间，下午放学后都会和伙伴们玩，直到夜幕降临才回家。回家之后写作业的时候，我还在回想着做游戏时的情景，所以很不专心，作业做得很慢。

“你赶紧做作业，别人家的孩子都写完作业吃完饭去街上散步了，我还得在这里等着你写作业。”爸爸在一旁便开始抱怨。

在他的催促之下，我的精神更不能集中。后来，爸爸见我实在调整不好自己的状态之后，就开始动手打我。

我泣不成声，战战兢兢把作业写完。在这种情况下的作业质量，可想而知。当时我也没有别的想法，只是希望把作业快点写完，免得爸爸的巴掌再次下来。

可是我也不知道自己当年有多倔强，爸爸打我一次，会管用一两次，时间一长，我的老毛病就会重犯。更为糟糕的是，我和爸爸的关系越来越冷淡。

所以，我在教育小语和小松的时候，知道用“打骂”的方式解决问题并不是好办法。从表面看，是解决了问题，可实际上却是掩盖了问题。

遇到这样的情况时，我会主动和他们沟通，知道他们课业负担重，我和他们说：“我们都要学会包容，妈妈包容你们做作业的速度，你们也要包容你们的作业。”

结果，孩子的学习成绩不断取得进步，我们之间的关系也更和谐。我觉得更重要的是，我没有剥夺属于他们的快乐，小语和小松没有因为“害怕”我的打骂而失去自我。

坚持以理服人

孩子犯了错误，你选何种教育方式对于孩子能否健康成长是至关重要的。理想的教育方式是既能增进你和孩子之间的感情，又可以达到教育孩子的目的，而说服无疑是最理想的教育方式。

“李老师，小语现在怎么那么重视打扮自己啊？”一次，我遇见小语的班主任，她向我说道，“她的书桌上摆着个镜子，时不时地就会照。就连课间操之前，她都会照几分钟镜子再出去做操。今天上课，我提问她问题，她却因为在照镜子而没有听见我的问题。”

她的意思是要我好好教育一下小语，不然她的成绩会下降的。

小语本身就是个爱美的孩子，从小时候开始她就很重视自己的外貌及穿戴，最近还受到追求时尚的小姑的影响，对穿衣打扮更有讲究。

她经常拉着我去给她买漂亮的衣服，每天梳妆打扮的时间就要磨蹭半个小时左右，对于快要考高中的她来说，半个小时可是很宝贵的时间。

和老师见面后回到家，我没有冲她大声嚷，而是心平气和地和她交谈。

“小语，妈妈像你那么大的时候，也很爱打扮，在家里打扮，到学校里也爱打扮。可是，学习成绩并没有越来越出色。接着，就有同学在我背后指指点点说，‘看，这个就是在课堂上打扮的人，我们可别跟她学’。那时，我才意识到自己的错误。”

我看见小语的脸有些红了，接着对她说：“你现在的主要任务是学习，你想获得别人的认可，要靠优秀的学习成绩和好的人品。你学习得争取第一，并且乐于帮助同学，这比你穿漂亮的衣服更能引起别人的注意。”

在我的说服教育下，第二天放学的时候，小语就把学校里的镜子拿回来交给我，还说：“妈妈，你可要监督我啊，以后别给我买新衣服了。”

我刮了一下她的鼻子，知道她明白我的意思了。

在传统的家庭教育中，父母通常是拥有绝对的权威，他们认为和孩子是不需要讲道理的。但是孩子进入青春期后，逐渐有了成人意识，这时如果你还是沿袭以往的教育方式就会遭到孩子的反抗，和孩子的关系也会逐渐僵化。

用赏识代替打骂

打骂是孩子成长过程中的阴雨，而赏识是孩子成长过程中的阳光。在孩子的成长道路上，往往需要不断尝试和体验，在这个过程中，尤其需要来自你的赏识。要想帮助孩子身心健康发展，就要采用赏识来代替打骂。

小语很喜欢画画，一天，她拿着画笔在家里的墙上画了起来，那可是我刚打扫完卫生之后。我一生气，就夺过她的画笔，扔在地上，嘴里还说：“你看你画的，什么都不像，以后别在墙上画了！”

她跑着去捡她的画笔，我觉得她没有听进去我的话，就朝她的屁股上打了几下。她哭起来，不论我怎么劝，她还是哭。

老公从书房走出来，把在地上哭的小语扶起来，帮她擦干泪，对她和声细语地说：“爸爸刚才看见你画的画了，画得不错，你妈妈是因为生气才说它们不好看。但是，画应该画在纸上，而不是画在墙上。走，爸爸带你去书房画在纸上。”

小语听见老公的话，立即停止哭泣，乐滋滋地去了书房。从那次之后，小语再也没有把画画在墙上。

你赏识孩子，孩子会在你的赏识中体会到成功的快乐，提升自己的自信心，也会在你的赏识中明确自己努力的方向，取得更大的进步和成绩。

温和地对待你的孩子

我班上有个孩子叫强强。他的爸爸是个急性子，对孩子的要求还很高，孩子如果犯了错误，他第一反应就是用狠毒的语言批评孩子，或者直接动手打孩子。这些都是我在别的老师那里了解到的情况，自己没有见过。

在学校里，强强一向遵守纪律，尽量不犯错误。因为每次他犯错误之后，只要老师和同学把强强的事情告诉他爸爸，他就会遭到一顿打骂。

但是他的情绪在家里长期受到压抑，使得他的内心积压了对生活的很大不满，仿佛只要有人碰触到了，随时都会爆发。

这天，班里组织大扫除，一个同学不小心将脏水溅到强强的身上了，强强立即就发火了，让那个同学给他道歉。那个同学和他道歉，强强却说声音不够大，那个同学不再搭理他。

这下激起了强强的愤怒情绪，他把那个同学的脸打青了。我得知这件事情之后批评他，他低着头，既不承认错误，也不说话。

无奈之下，我打电话把他爸爸叫来，想让他爸爸好好管教一下孩子。没想到，爸爸见到强强之后什么都没有问，就给了孩子一个响亮的耳光。我想阻止都来不及，他又给了强强一脚。这时，他才开始问：“李老师，他在学校里做什么错事了？”

我还没在刚才他的表现中缓过神来，被他的话给问住了。这时，我觉得我也可以理解刚才强强的表现了。

“你为什么不问孩子发生什么事情了，就打骂他呢？”我问强强的爸爸。

他突然惊呆了，自己摸了摸脑袋，说：“这个……我还真没想过。”

“请您温和地对待孩子，孩子也就不会出现这么多问题了。”我郑重其事地对他说道。我能看得出他眼里的诧异，也许，我是第一个提醒他温和对待孩子的人。但是，我真的希望我身边的父母都是和蔼可亲的，孩子都是幸福快乐的。

亲子感悟

粗暴地对待孩子，孩子会觉得你是因为不爱他，才会对他那样。这对于健全孩子的情商是有很大影响的。当你为孩子所犯的错误苦恼时，不妨暗示自己冷静下来，用温和的态度对待他，这样，孩子才会健康成长。

不要施压超过孩子的承受度

放孩子一条“生路”吧，为他们减点负担，别把你的意志强加在你的孩子身上，这种揠苗助长的做法万不可取。如果你的孩子因为“疲劳开夜车”酿成悲剧，到时候后悔的还是你。

严格区分你的理想和孩子的理想

我有位朋友，她和她老公都是文艺工作者，他们在自己的岗位上默默无闻了十多年，事业还是没有多大的起色。他们经常抱怨，自己的一辈子就这样默默无闻很不值，所以，他们不希望他们的孩子乐乐再走这样的道路。

可是乐乐却很喜欢文艺，尤其是唱歌，唱起歌来有模有样，老师和同学都说他今后是当明星的料。升入初中之后，他就对自己今后的人生理想有了清晰的概念，那就是搞文艺。

老师也建议他报个音乐辅导班。回家后，乐乐把这件事情告诉了我的朋友。我的朋友立即生气地说：“不许你学音乐，你好好学习文化课，到时候考上重点高中，再考重点大学。”

这让乐乐的情绪很低落，他对我的朋友说：“妈妈，我喜欢文艺，我以后会做出成绩的。如果只靠文化课，我还不知道能不能考上高中呢。”可朋友哪里听得进去，就是不同意乐乐去学文艺。

朋友为乐乐报了文化课补习班，可乐乐一点也不乐意去。整天在这样的压力下，他变得沉默寡言，学习成绩也不断下降，对文艺的兴趣也被磨灭了。

后来一次，我在街上遇见乐乐，他低头走路，脸上没有一丝表情，完全和他的年龄不相符合。他失去的，不仅仅是一个理想，更是一份本该属于他的快乐。

你的期望要给孩子起到一个参考的作用，提供一个正确的指南，从而激励孩子取得更大的进步，而不能将自己的梦想强加到孩子身上。那样的教育效果就会适得其反，就会违背我们教育孩子的初衷。

不对孩子揠苗助长

“妈妈，别再让我做了。”一天，同事来到单位，就给我们讲起了这天晚上她家里发生的一件事情，“半夜，斌斌房间里突然冒出刚才那句话，估计是梦话。可能是他学习太累了，我当时也没在意。”

说到斌斌，他给我的印象很好。他是个很用功的孩子，有时候见他走在路上都在读书。他几乎每次都被学校选为优秀学生，还会在家长会上作为学生代表讲话。这让同事很骄傲，我也经常让小语和小松把他当成学习的榜样。

斌斌不和其他十几岁的孩子一样，他从来不穿时尚的衣服，不崇拜明星，业余时间不玩游戏，而是选择去培训班或者在家做题，就像一台时刻不停息的“机器”，在忙碌着。

他让很多父母羡慕，甚至某些时候，看着在台上演讲的他，我都想如果我的孩子也这样优秀就好了。

但是，就是这样一位在外人看来如此优秀的孩子，后来有一天，他突然变得歇斯底里，将自己的课本全都撕碎了，还将自己之前得到的证书和奖状扔进垃圾桶。

同事吓坏了，把他送进医院，医生的结论是：他精神过于紧张，压力过重，导致现在的状况。他一直背负着“父母、老师、亲友”的期望，维护自己的“优秀”形象，而同事也为了维护自己的面子，“挤占”斌斌的时间，让他自学高年级的知识。

听说，几乎有两年的时间，斌斌晚上睡觉都是和衣而睡，就是为了节省起床的时间，多学习。时间长了，斌斌的身体承受不了，心理防线自然也会崩溃。

你希望孩子有个美好的未来，这是可以理解的，但对孩子进行超前教育，或恶补，其结果必然事与愿违。

放孩子一条“生路”吧，为他们减点负担，别把你的意志强加在你的孩子身上，这种揠苗助长的做法万不可取。如果你的孩子因为“疲劳开夜车”酿成悲剧，到时候后悔的还是你。

修正对孩子的期望

有这样一位爸爸，他在读高中的时候，学习成绩很好，他也认定自己就是读清华北大的料，在高考中却失利了，上了一所不理想的大学。他对此耿耿于怀。女儿上初中之后，他将进入理想大学的梦想加在了她身上。

他对女儿的要求高，管得也比较严，在他的监督下，孩子学习一直很努力，在班上也是名列前茅。可是，他对女儿还是不放心，每天都会提醒女儿要争气。

“你一定不能给我丢脸！”

“你可要考上名牌大学啊！”

“下次考试，你必须考到班上第一名！”

这样的话一天会很多次出现在孩子耳畔。有时，孩子达不到他的要求，他就对孩子冷言冷语，这给女孩心理上增加了很大的压力。她很懂事，也认为自己以后考不上理想大学，就是对不起爸爸。

同时，她也对自己感到很失望，每次都很努力，得到的却还是爸爸的批评，是不是自己真的很笨？在这种情绪的影响下，她对学习失去了信心，成绩不断下降……

孩子做得差强人意，就不要再提过分要求

这里还有个有趣的故事。

有一天，一个小孩子拿着一张试卷回家，他的爸爸看到了不及格的分数，气得他拿起家里的鸡毛掸子，对孩子说："考试又不及格，你说该打不该打？"

"该打。"孩子说道。

"好，那你就准备好吧。"说着，鸡毛掸子就要落在小孩子身上。

"不是我该打，该打的应该是你。你看看这张试卷，这是你的成绩单，我和周同学去你们工厂玩，是你们工厂的人让我给你带回来的。"

"啊？"孩子的爸爸一时间不知道该说什么，只能对着试卷发呆。

人无完人，即便是成人的你，也会有做得不如意的地方，那你就不应该强求孩子做得多好。只要孩子做得差强人意，那就别对孩子提过高的期望。

亲子感悟

随着社会竞争压力的增加，你对孩子的期望值也越来越高。你也清楚地知道，要求孩子"完美"是一个不可能且不必要的。所以，你经常会说，你不希望孩子"完美"，可总是不可避免地给孩子提出过高的要求。

对孩子的教育，不能急于求成

不给孩子提出过分的要求，把他们看成一朵花，你就应该做一个加工阳光和雨露的工厂，给张望着成长的孩子输送营养，耐心等待他们慢慢展开他们的美丽。这是为人师、为人父母的职责。

别和孩子的天性作对

我有个朋友，他的儿子今年读一年级了，可是写字还是个大问题。他儿子不喜欢写字，只要让他动笔，前一分钟高高兴兴的，后一分钟就唉声叹气，写得还很慢，仿佛写字是件十分痛苦的事情。这让孩子的老师和我朋友都很着急。

平时写作业还好，慢点就慢点，没有太大影响。可是如果遇上考试，再以这样的速度答题，是否能够做完试卷都成问题。

那次，他的儿子在家写作业的时候，正好被我碰见了。我试探性地问孩子：“孩子，你怎么那么不喜欢写字啊？”

“这还不全怪我爸爸啊。”孩子噘着嘴说道，“我小时候就是个左撇子，我本来已经习惯了。可是，在我上小学之前，我爸爸妈妈硬是给我扳过来了。他们说没有人用左手写字，因为他们很着急地想让我改过来，可我还适应不了。从那之后，我就不喜欢写字了。”

那个孩子这样和我说，我这才知道是什么原因导致孩子现在的状况。

其实，和孩子的天性较劲，这样的做法是很不明智的。他的做法类似于让孩子“邯郸学步”，一味学习别人走路的姿势，最后却连自己走路的姿势都忘记了。

别盲目跟风

小语读五年级的时候，一向引以为傲的英语口语成绩出现了下滑，为此我很头痛。一天，我在同事那里知道有家英语口语培训班很好。

我就自作主张地为小语报了培训班。

“小语，妈妈知道你最近的口语成绩不好，就给你报了个培训班，以后周六，妈妈陪你去参加培训。”

“要去你自己去，我不去。”她当时就反驳了我的建议。

“你还要小升初呢，现在很多好的初中都增加了面试这个环节，口语是必不可少的，妈妈还不是为了你好啊。”我急切地向小语表达我的良苦用心。

“妈妈，我现在还不到参加培训班的程度，我觉得我的口语下降是因为换了新老师，我还没适应，过段时间就好了。培训班里教的东西难，我跟不上，就更学不好了。”

小语什么时候变得伶牙俐齿了？她居然对我说出了上面的话。

我考虑到孩子的实际，觉得盲目跟风是不明智的选择，于是，主动地给孩子退掉了培训班。小语也向我保证，她会尽快适应新老师，把成绩提上来。

既然目的都是一样的，我就对自己的安排做了些许妥协。这不仅让小语获得了被理解的成就感，也让小语对自己多了一份责任感。我的不强求，会让她更努力！

和孩子一起成长

那次，小松回家对我说：“妈妈，老师说我的乒乓球打得不错，让我代表学校和别的学校的学生比赛，你说我能行吗？”

我知道，这是小松的不自信在作怪了。

“怎么不行啊？小松，你是最棒的。这样好不好，妈妈陪你一起练习。”

听了我的话，小松很兴奋，我们在家里用餐桌作为乒乓球台，每天都练习一段时间。在陪小松打乒乓球的过程中，我经常会对他说：“你不是一个人在战斗。慢慢来，别心急。”一句看似平常的话，却可以给小松很大的鼓励和安慰。

在比赛中，小松的成绩不错。

事后，他说：“妈妈，你知道吗，在平时，我把你当成了我的对手，所以在比赛的时候，我一点儿也不害怕。”我却想说：“孩子，和你在一起打乒乓球，我的心变得更加平和了，身体也好像年轻了很多。”

和孩子一起成长，是个相互的作用过程。你和孩子共同参与，而不存在竞争关系，孩子的努力就能一直保持足够的激情和热情，前进的脚步就不会停下来。当然，这一切都是建立在你正确看待孩子的进步、不对孩子急于求成的基础之上的。

用耐心帮孩子绽放美丽

那天，班上转来一个孩子：她的头倚靠在她妈妈的身上，看见我的时候，还刻意把头转了过去，可我还是看见了孩子眼中写着的忧伤。本以为是孩子怯生，没想到，这个孩子有轻微的自闭症。

这个孩子叫淑萍，我了解到，她是个很自卑的孩子，平时她就坐在座位上，很少和同学玩。

当时，我的一个想法就是：用我的力量，帮她慢慢绽放，使她有自己的美丽。

一次，我布置的家庭作业她只字未动，带回去的试卷要家长签字，在她的试卷上也没见到签的字。

我把她叫到办公室，问她："淑萍，告诉老师，你妈妈在家里管你的学习吗？老师不是说，让父母签字吗，你妈妈怎么没签？"

"我妈妈忙着干活，她们为城市做贡献呢，没时间理我。"可能是淑萍的妈妈这样对她说的，她现在"背"给我听。淑萍说这些的时候，办公室里的老师都笑个不停。她用迷茫的眼神看着其余的老师。

后来，我找到了她的妈妈。她的妈妈是一位环卫工人，每天天一亮就出去打扫卫生，晚上太阳落山的时候，再回到家。在淑萍看来，妈妈的事业是多么让她感到骄傲啊！

"教育孩子的时机来了。"我对自己说，"我不给她提出苛刻的要求，不要求她考到班里前几名，现在重要的是要她能好好完成每天的作业。"

在接下来的班会上，我在全班同学面前讲了淑萍妈妈的工作，让大家知道整洁的街道也有淑萍妈妈的功劳。她的妈妈是值得人们尊敬的。

淑萍的脸笑得像一朵绽放的花，激动得脸都红了。看着她，我又认真地说道："你的妈妈在为城市做贡献，你也应该向她学习。从今天开始，你就和你的妈妈进行比赛吧，只要你好好把作业写完，你就和你妈妈一样值得尊敬。"

淑萍坚定地说："行！"

后来，淑萍真的每天都按时完成作业，而且，她还能积极地参与班级活动了，和同学们也能打成一片了，这是让人欣喜的。

这学期结束的时候，她的语文成绩考了80多分，这是她最好的成绩了。我在给她的评语中写道："你是一朵花，那就努力绽放吧。"

不给孩子提出过分的要求，把他们看成一朵花，你就应该做一个加工阳光和雨露的工厂，给张望着成长的孩子输送营养，耐心等待他们慢慢展开他们的美丽。这是为人师、为人父母的职责。

放下你的包袱，让孩子轻松地走

那次，我去幼儿园接小语放学，在学校门口，和来接孩子的家长们攀谈起来。一个家长说："做父母真累，每天接送孩子不说，还要再把她送去学习跳舞，下辈子真是再也不要养孩子了。"

"是啊，真是辛苦。有时候看着孩子那么辛苦，真是心疼，可是有什么办法呢，别的孩子学，我们的孩子不学，就会跟不上人家的节奏。一步落后，步步落后，所以只好替孩子决定，让他在小时候忙些，长大了就能轻松些了。"

旁边一个家长听见我们说话，也说了几句心里话。

"李老师，你家小语报了几个班啊？我家孩子回家总是夸小语。"一位家长问我。我笑了笑，摆了摆手，说："没有，我只是根据小语的兴趣为她报了美术班。像学习培训班，没报，我觉得没必要。"

"那你不怕小语进入学校后没有特长啊？现在特长是可以加分的，到时候孩子还可以进入好的学校。"她继续说道。

"没有什么可害怕的，孩子没有无忧无虑的童年才是最可怕的。"我很认真地对她说。

我看到她沉思了很久，可能是在想怎么培养自己的孩子吧。

这让我想到很多：你将孩子的所有时间剥夺，甚至为其安排好各种任务，实属无奈。你无法决定社会大环境，但是你可以调整你的心理状态，给孩子松松绑，让你和孩子都活得轻松。孩子长大后回忆起来，会因为自己有个自由的童年而微笑。

亲子感悟

每个孩子都有自己的成长步调，有时候会走得慢些，偶尔也会走得快些，你要做的，不是站在成人的角度去给孩子提出各种要求，而是应该给孩子充分的自由。放心吧，每个孩子都会努力开放成一朵世界上独一无二的美丽的花。

扔掉“成人主义”，别用比较伤害孩子

每个孩子都有自己的特质，都是独一无二的。你应该从内心深处摒弃把自己的孩子和别的优秀的孩子比较的想法，对孩子多一些鼓励和赞美。也许，你会发现，其实，自己的孩子才是世界上最好的。所以，别滥用比较，最好是禁用比较。

以平常心对待孩子

不管孩子优秀与否，你都要以平常心来对待孩子。只有将孩子看成普通人，你才会真正地感受孩子的优点，发现孩子与众不同之处。

有这样一个让人感动的故事。

杜鲁门当选美国总统后的一天，一位记者前去采访他的母亲。记者对杜鲁门的母亲说：“您有哈里这样的儿子，一定感到十分自豪吧？”

没想到，杜鲁门的母亲说：“是的。不过，我还有个儿子呢，他现在在地里挖土豆呢。”

原来，杜鲁门的弟弟是个农夫，但是他的母亲并不认为做农夫的儿子是无能的。对她来说，每个儿子都让她感到骄傲。

杜鲁门母亲对孩子的爱，是一种不掺杂任何世俗杂念的爱。这种爱是建立在对孩子的悦纳基础之上的。不对孩子进行比较，所以每个孩子都值得自豪。

我们也应该向杜鲁门的母亲学习，正视孩子的优缺点，不要揪着孩子的

缺点不放，也不要认定自己的孩子不如别人。以平常心对待孩子，如果你是这样的教育态度，即使你不给孩子提出过高的期望，他也不会令你失望。

别觉得别人的孩子好

有一段时间，小语回家后就滔滔不绝地说起她的同学晓雪。

“晓雪今天穿的衣服真漂亮，我也想要。”“晓雪的妈妈刚给她买了个书包，妈妈，你也给我买个吧。”“晓雪今天和小胖吵架了，她可真厉害，都把小胖的衣服抓坏了，我也要向她学习。”类似的话，小语说个没完。

听她说，要向晓雪学习吵架，我有些生气地问她：“你回家怎么总是说晓雪呢，她真有值得你学习的地方吗？”

“我是按照妈妈的意思在向她学习啊。”小语解释道。

小语的话让我有些摸不着头脑，我仔细回想，可能原因真的在于我。

“晓雪真懂事，我在路上遇见她，还很远呢，她就主动给我打招呼。这样的孩子真讨人喜欢，你要向她学习啊。”“你怎么就不能和晓雪一样讲卫生呢，她每天都穿得干干净净的；你看你，脏兮兮的，不像女孩。”

这样的话，我经常会在小语面前说。通常情况下，是小语有某些事情做得不好，我一时生气，就想用夸别的孩子的方式唤起她的羞耻心，让她自觉纠正自己的行为。现在看来，我“弄巧成拙”了。

“小语，妈妈在夸晓雪的时候，其实是想让你向她学习一些优点，那是妈妈相信你会和晓雪一样优秀。你误会妈妈的意思了。”

“是吗？妈妈，我还以为你一点儿也不喜欢我呢。我每天都在想，我要是和晓雪一样就好了，那样你就不会生气了，也不会批评我了。”

读三年级的小语说出这样的话时，我很心疼。

任何事情都是有限度的，一旦超过了度，就会走向反面，夸别的孩子也是如此。你的初衷是想让孩子找到自己和别的孩子的差距，但是孩子不一定会理解你的苦心，还会觉得没有自尊。

别的孩子的行为也不一定时时处处都是正确的，这样就会给你的孩子造成误导。他会认为，你夸那个孩子，那个孩子的所有行为都是正确的，从而使你的孩子的行为也出现偏差。

每个孩子都有自己的特质，都是独一无二的。你应该从内心深处摒弃把自己的孩子和别的优秀的孩子比较的想法，对孩子多一些鼓励和赞美。也许，你会发现，其实，自己的孩子才是世界上最好的。所以，别滥用比较，最好是禁用比较。

将孩子的现在和以前进行纵向比较

刚上幼儿园的小语不擅长跳舞。在幼儿园表演节目时，一般的孩子都会选择跳舞、唱歌，而小语则不会选择那样的节目，她通常会安静地看别的孩子。

可是我看得出，小语在跟自己较劲。“六一”儿童节快到了，她回家后都会很用心地练习跳舞。

“妈妈，你说我怎么总是跳不好这个动作呢？班上有的同学还说我是笨猪。”急得小语都想掉眼泪。

我按照小语比照的电视里的动作，帮助小语纠正她的动作。小语的身体有些硬，我纠正了好几次，可她还是那样。

“你可是真笨。你的同学个个都比你强，难怪他们会叫你猪。”老公说道。

看出了老公的焦急，小语“哇”的一声哭了出来。

我立即对小语说：“小语，你比刚开始有了很大进步，最初你连腰都弯不下去呢，现在已经很不错了。”

“是吗？”小语抹了抹眼泪，破涕为笑。

“当然，小语是最棒的。”

小语于是更加卖力，在“六一”节目表演中，取得了不错的成绩。把小语的现在和之前比较，我看到了她的进步，倍感欣慰。

记得我刚上小学那段时间，有一次，我的数学考了95分。回家后，我把这个消息告诉爸爸，爸爸说：“考得不错。”那天晚上爸爸为我做了我喜欢吃的菜，这让我很开心。

接下来的一次考试中，我的数学成绩考了90分。当我把试卷拿给爸爸看的时候，爸爸的表情立刻就暗淡下来，说：“怎么考那么点，为什么没有上次考得多？”

“这次考试，题目有些难。”

“那你们班上有没有比你考得多的？”爸爸接着问我。

“有，有6个人。”

“那你还好意思给我看你的成绩。以后考不到班上前三名，你就别拿给我看。”爸爸很生气。我当时很失望，不知道爸爸是关心我，还是关心我的成绩。

后来一次下午放学后，我去同学刘雪家做作业，正好是在考试之后。刘雪的成绩不如我的成绩高，可是她的妈妈看了她的成绩之后，还高兴地说：“这次你的成绩比上次有进步，不错。”

刘雪听见妈妈的话，开心地站起来，说：“妈妈，我保证，下次考试成绩更理想。”

“不用你保证，只要你一次比一次有进步就行。”刘雪的妈妈这样对她说。当我听见这句话的时候，心里感觉很温暖，充满了进步的力量。

我当时不解地想：为什么我爸爸总是说我不如别人，可是刘雪的妈妈却不那样对她。如果刘雪的妈妈是我的妈妈，不会拿我和别的孩子比较，那该有多好。

将孩子和比他优秀的孩子比较，会越比越差，孩子的自尊也会受到伤害。那就换个角度，和孩子的以前作比较，发现孩子的进步，就对他说："孩子，你比以前有进步。"这是对孩子的莫大鼓舞和支持。

不是不能比较，而是要学会比较

孩子之间，也不是不能比，关键的是，要学会比较，让比较发挥积极作用。我的一位朋友老刘，就深知这个道理，并且成功用在了教育孩子身上。

他的儿子今年考上了理想的大学。可是一个月前，他儿子对自己失去信心。高考前的模拟考试，成绩很不理想。

一天回家后，他对老刘说："爸爸，老师让我根据自己的成绩在班上的排名计算自己在整个学校的排名、在全市的排名。我按老师说的去算，发现自己可能连专科都考不上。"

儿子的情绪很低落。老刘读懂了儿子的心，说："儿子，你是百里挑一的，别灰心。"儿子对老刘的话感到很疑惑。

老刘和儿子算了一笔账："你初中毕业时，全市有13万人参加中考，最终只有3万多人考上高中，考上重点中学的只有几千人。你的成绩在班上一直保持在前三分之一内，这样算下来，不就是百里挑一吗？"

老刘的儿子顿时精神抖擞，他对老刘说："爸爸，你的计算方法和老师的不一样。"他对自己充满信心，成绩也开始不断上升。

当儿子遇到挫折时，老刘也会寻找"同类"进行激励比较，把儿子从失望中拯救出来。

老刘是位成功的父亲。他没有拿自己的儿子和其他优秀的孩子比较，看到自己孩子的长处，不作恶性比较。

如果老刘将儿子和成绩比他好的孩子比较，比来比去，会把自己孩子的自信和自尊都比没了。那样的比较，对孩子来说，是一种毁灭性的比较。

亲子感悟

“我就是我，不要拿我和别的孩子比较。”这是很多孩子发出的声音。你拿自己的孩子和别的孩子进行比较，容易挫败孩子的自信心。孩子就算努力达到了你所列举的那个榜样，你也不会满足，你会给孩子提出更高的榜样，这让孩子不能确立正确的目标，难以找到前进的方向。

别把孩子累倒在起跑线上

想做优秀的父母，想培养优秀的孩子，重要的不是让孩子有很多特长和知识，而是给孩子一个快乐的童年，使孩子享受应有的天真和烂漫。这是比孩子的全面发展更为有意义的。

给孩子属于他们的童年快乐

一个周末，我给同事小范打电话，想让她带着她的女儿雅文一起出去玩。因为，小语这两天一直吵着要和雅文玩。

可是，我打电话给小范时，她说："不行啊，今天上午我要带雅文去学钢琴，下午要带她去学书法，晚上还要带她去跳拉丁舞。今天没时间出去玩了。等以后有时间再一起玩吧。"

"妈妈，我想和小语姐姐玩……"

"玩什么，钱都拿来交学费了，等你长大了再玩。"

显然雅文是在央求妈妈给她出去玩的机会，可没得到许可。

放下电话，我想了很多：一个4岁多的孩子，被诸多的学习占满了童年，连周末都不属于自己。

那天，我只好带着小语出去踏青。和煦的风、灿烂的大太阳，让她兴奋不已。看着玩得那么开心的小语，我又为雅文感到难过了，仿佛可以看见雅文无助的眼神。

上次在小范家玩，小范让雅文去练毛笔字，雅文说："我想和李阿姨玩，我最喜欢听阿姨讲故事了。”我也说道：“好啊，雅文，阿姨给你讲故事。”

但小范一把将雅文拉进了书房，还“砰”的一声关上了门，留下一句：“故事有什么用，赶紧写你的字吧。”

我问小范：“雅文想听故事，你怎么不让她听啊？讲个故事花不了多长时间的。”

“听什么故事啊？现在有几个孩子是想干什么就让干什么的啊？现在讲究‘全面发展’，她什么都不会，以后怎么考学啊？”小范解释道，“我也不想让她这么累，可是没办法。”

说话的时候，小范一脸无奈。

我无话可说，虽然我知道小范的话是不正确的，但是我却不知道该如何反驳她。其实，想做优秀的父母，想培养优秀的孩子，重要的不是让孩子有很多特长和知识，而是给孩子一个快乐的童年，使孩子享受应有的天真和烂漫。这是比孩子的全面发展更为有意义的。

别对孩子的爱好评头论足

张丽是我儿时的伙伴，那时候，大家都很羡慕她，因为她家里有一台漂亮的手风琴。那时候，手风琴是很奢侈的“玩具”和“乐器”。

可是，我们向张丽表达我们的羡慕之情时，她却愁眉苦脸，还连连摇头。

原来，她家里买手风琴就是为了让她练习。她妈妈很喜欢手风琴，一直希望她可以成为出名的手风琴家，为此，还专门为她报了培训班。可是张丽说自己一碰琴键手指就很僵硬，根本就没有兴趣。

她的妈妈以前是位钢琴家，但是后来指关节出现了问题，无法再弹琴，这成了她人生的遗憾，她就将自己的所有期望寄托在了张丽身上。

“你这样不更好吗？你妈妈还能给你指导。”我们说。

“可那不是我想要的啊，我喜欢画画，我爸爸也是画家。可爸爸妈妈都说那没前途，不实用。我真是烦透了。”张丽抱怨道。

后来，张丽既没成为手风琴家，也没成为画家，成了一个没有任何特长的普通人。

这让我不得不想起小语小时候发生的事情。

老公说：“女孩，得会点乐器，什么都不会可不行。我在朋友那里知道拉小提琴不错，不但优雅，还可以开发孩子的智力呢。”

我便欣然同意了，心里还在想：说不定小语今后会成为另一个小提琴家“聂耳”呢。

我们为小语买了小提琴，和她一起踏上学琴之路。最初，小语很感兴趣，但是新鲜劲一过，面对单调的琴弦和复杂的指位训练，小语再也没了耐心。

看着疲倦的小语，我在想，这就是我要给女儿的美好童年吗？终于有一次，我和她坦诚地交流了一次，小语勇敢地说出了“不”字。小语还说：“我还是喜欢画画，不喜欢拉小提琴。”

我和老公便商量好，不再要求小语去拉小提琴，也不再奢望她今后成为小提琴家。学小提琴告一段落，小语恢复了之前的活泼，我也有如释重负般的感觉。

不要让你的“面子”成为孩子的包袱

我小时候经常听见爸爸说的话是：“你这次的成绩好，真是给我争光了。”要不就是：“你的考试分数这么低，真是给我丢尽了脸。”这两种不同的态度，都是爸爸的真实态度。

记得有一次，学校要求家长去开家长会，那次我没考好，只考了班里十名以后，所以，爸爸没机会作为家长代表上台讲话了。

回家后，爸爸就闷闷不乐地说："以后没我讲话的机会的时候，就不要让我去了。你这大起大落的学习状态什么时候才能调整好啊。从今天开始，你不能再看那些没用的书了，好好学习文化课。"

当时，我感到很愧疚，想好好学习，争取下次让爸爸有讲话的机会。可是每次我都会觉得爸爸的话像是一块大石头，压在我的心里，让我的努力也变得很沉重。

每天我回家之后，都会听爸爸对我提这样那样的要求，那时处于逆反期的我，觉得成绩是我自己的事情，为什么要由爸爸来主宰它？想到这些，我就会有些气愤。这种气愤导致的直接后果就是我更不爱学习了，成绩也不断下降。

就这样，爸爸觉得没面子和我的恶劣心情形成了恶性循环。

有时候放学后，我都会先和伙伴玩，然后回家。这样，我回家之后往往会觉得很累，总是希望可以睡会儿再做作业。可是爸爸却要求我必须先将作业做完再睡觉，并且不容我分说。

"太累了，我就睡15分钟，作业也不多，很快就能写完的。"我说，"况且状态不好，学习的效率也会大大降低的。"

"谁让你整天就知道玩，玩累了，就想睡，整天就知道把学习时间朝后推。下次开家长会，你成绩又要下降了，我的面子往哪儿搁？"爸爸有些生气地说道。

"可是……"

"不许睡就是不许睡。你是我的孩子，我不信还管不了你，赶紧去做作业！"爸爸的态度很强硬。

面对说一不二的爸爸，我只好强打起精神，作业的完成情况可想而知。爸爸检查完作业，迎接我的，又是一顿训斥。

我不喜欢这样的教育方式，每天都想着，如果爸爸什么都不管我，如果不把他的面子看得那么重要，我该有多幸福。

事无巨细的你并不一定受孩子欢迎

有一次幼儿园召开家长会，在家长会上，不少父母标榜自己对孩子的事无巨细的安排，孩子的大事小事全都过问，言语间好像还透露着骄傲的情绪。有的父母还将自己为孩子做的安排表拿出来给其他人看。

不知道哪位家长突然问了一句："那你家孩子听你的话吗？"

刚才那位拿表的母亲顿时语塞。要知道，她家儿子在学校调皮是出了名的。说实话，她拿出那样一份安排表是没有任何说服力的。

有个在学校表现不错的男孩的妈妈还说："我儿子上周末竟然和几个比他大不少的男孩去了游戏厅，这在以前可是从来都没有过的，看来不给他安排好，他就不知道该干什么，一旦时间充裕，他就去干坏事了。"

对于这两位母亲的话，我实在不敢苟同。你给孩子安排好他应该做的事情，孩子也不一定就会按照你说的去做，甚至会和你唱反调。所以，在让孩子按照正常规律成长的过程中，重要的是让孩子懂得你对他的良苦用心，让他心甘情愿地接受你的指导，而非安排。

最后，班主任老师说出了自己的观点。她说："你对孩子管得太严，让孩子累倒在起跑线上是不对的，你应该清楚地知道该管孩子什么和如何去管。给孩子适度的自由，同时又不能放任自流，这样才能帮助孩子成长为快乐和自立的个体。"

在座的父母听了之后都点头表示认同。

给孩子自由的时间和空间

有段时间，学校让班主任把班级里学生在校外报辅导班的情况统计一下。真是不统计不知道，一统计才知道，现在的孩子那么忙。

我所带的班上有个孩子，一个人报了三个辅导班：奥数、钢琴、新概念英语。我知道后，心情很复杂，既有欣喜，也有同情，同情占了更大一部分比例。

当我在想，孩子是从什么时候开始这么忙的，我突然记起曾有个孩子给我留了张字条，夹在交上来的作业本里：老师，您能少布置点作业吗？我没时间做。

我现在知道是什么原因了。

孩子面对来自家庭、学校、社会的压力，已经远远超出了自己本能承受的范围。每天在学校里，要认真学习必修课，课下还要做家庭作业。

而你，为了提高孩子的竞争力，还为孩子报了很多培训班。不可否认，有的孩子确实是想通过培训班提升自己的能力。

但是，更多的孩子是迫于无奈，甚至在一次习作中，一个学生惊呼道："我哪里还有属于自己的时间和空间啊？我完全成了时间的傀儡。"

不让孩子闲着，挤占孩子的时间和空间，最终得到的，也并不是如你最初所想的。这不得不说是家庭教育的失败和悲哀。

亲子感悟

"不能让孩子输在起跑线上"，这是很多父母心里的想法。可是与此同时，你可能忽略了一个问题，孩子可能会累倒在起跑线上。正是因为存在这样的思想误区，孩子累，你更累。家庭教育一旦违背了幼儿生理、心理规律，就会弄巧成拙，适得其反。不妨给孩子适度的自由和空间，让孩子这朵花得以快乐培育。